趣数汉语"万能"动词

廖栋雯　编著

贵州出版集团

贵州人民出版社

出版说明

　　兴趣是最好的老师，知识的学习更是如此。如果学习者缺乏兴趣，阅读就将是一个枯燥无味的过程，轻松快乐的学习也就无从谈起。基于这样的事实，本着"兴趣阅读、快乐学习"的理念，我们经过深入调研，与国内的众多专家学者及一线教师全力合作，为所有希望将学习变得轻松愉快的朋友奉献上"快乐阅读"书系。

　　"快乐阅读"书系，以知识的轻松学习为核心，强调阅读的趣味性。它力求将各种枯燥无味的知识以轻松快乐的方式呈现，让读者朋友便于理解接受。它的各种努力，只有一个目标，即力图将知识学习过程轻松化、趣味化。读者朋友在阅读过程中，既能保持心情愉快，又能学有所得。在轻松愉快的氛围中学习，让知识学习成为读者朋友的兴趣，本身就是提高学习效率最有效的途径。

　　"快乐阅读"书系首批图书分为"语文知识"、"作文知识"、"数学知识"、"文学导步"、"文学欣赏"、"语言文化"、"个人修养"七大板块，各个板块之下又有细分。英语、生物、化学等相关的知识板块将会在以后陆续推出。针对不同学科知识的特点，本书系以不同的方式来达到轻松快乐的目的。要么是以故事的形式，在故事的展开之中融入相关知识；要么是理清该知识点的背景，追根溯源，让读者朋友知其然，更知其所以然，让理解更为轻松。总而言之，就是以最恰当的方式呈现相关的知识。

　　希望这套"快乐阅读"书系能陪伴每一位读者朋友度过美好的阅读时光。

编　者
2014 年 5 月

目　录

趣数汉语「万能」动词

开场白

　　语言是一种奇妙的现象,它与我们的生活息息相关。我们通过语言来表达观点,沟通感情,在语言的帮助下开展各项生活和工作,所以语言是人类最重要的交际工具。然而,语言在生活中常常会给我们出难题:有时候话到嘴边,突然找不到合适的词语去描述;有时候想要解释一种现象,却又无法确切的形容;或者有时候遭遇交际冷场,突然的大脑空白让我们笨嘴拙舌。在我们绞尽脑汁、奋力思考的时候,语言又会派出一些"万金油"干部,帮助我们解决"词到用时方觉少"的燃眉之急。

　　对于这一奇妙的现象,相信大家都不会陌生。我们在日常生活中,肯定都遭遇过类似的状况。这些帮了我们大忙的"万金油"干部,我们在本书中就将之称为"万能动词",它们意义丰富、指代性强、用法灵活,在极大地范围内任意充当角色,几乎什么动作、行为都可以用它们来加以表达和描述,使用起来方便快捷,让你信手拈来,不假思索。

　　本书选取了八个普通话中最具有代表性的"万能动词",以及部分极具地方色彩的方言"万能动词",力图将这一有趣的语言现象详尽的呈现给读者,使读者们能够对"万能动词"的由来、特点和用法有比较深入的认识和理解。

　　结构上本书从四个部分对"万能动词"进行细致的介绍和描写。概说部分对所要描述的万能动词有一个整体的介绍;说文解字部分从形、音、义三个方面,对万能动词的古今发展变化进行解说;万能用法部分对万能动词的构词能力、指代范围、万能用法详加叙说,引用例证加以描述;趣闻部分摘选了有关万能动词的一些"趣闻轶事",在故事中更加真

趣数汉语「万能」动词

切的展现"万能动词"的魅力。

　　本书旨在帮助读者认识、理解以及正确使用汉语中的"万能动词"，同时也希望能够激发读者探索汉语的奥秘的兴趣。由于作者水平有限，书中难免有疏忽和遗漏，恳请各位专家和读者批评指正。

廖栋雯

2013 年 6 月 30

第一章

"万能"动词总说

一　"万能"动词的由来

　　在日常的交际活动中,我们常常会遇到这样一些有趣的现象:有些情况让我们很难去确切地形容,这主要是因为我们一时还找不到一个合适的表达。但是,当我们绞尽脑汁地去寻找的时候,往往就会有一些词语瞬间涌上了唇边,帮助我们一下子就解决了所有的问题。经过对这类现象的归纳和总结,我们不难发现:这些词同时还活跃于各种大大小小、正式或非正式的场合,它们词义丰富、用法灵活,在相当大的范围内充当多种角色,几乎各种现象、行为都可以用它们来加以描述和表达,而且这些词使用起来极其方便,让人几乎可以不假思索地信手拈来。由于它们用法灵活,用处广泛,使用频率高,所以我们就将之戏称为"万能动词"。有时它们也的确能起到一解"词到用时方觉少"或"百口难言"的燃眉之急,使言语交谈变得更为轻松、简便。

　　下面就让我们一起来揭开它们的神秘面纱:

　　(1)我口渴了,你去帮我搞点水喝。

　　(2)我现在手头有点紧,你能帮忙搞点事让我做做吗?

（3）马上就要上课了，赶紧把作业搞起。

（4）中午搞点什么饭吃呢？

（5）就你们几个小子最调皮，成天搞破坏！

（6）好冷啊，我去搞点衣服穿。

（7）这么大点事，我半天就可以搞定！

（8）我怀疑小王这次晋升，肯定有人搞鬼。

（9）搞活课堂气氛。

（10）我们班主任可牛了，不仅课上得好，还很搞笑。

据我们统计，类似这样的词还有"干、打、弄、整、做、作、吃"等。这几个单音节动词的义项都十分丰富，其组合能力也很强，构成的词或者短语几乎可以指称我们日常生活中绝大多数动作行为。它们就像一个个活跃的分子，运用它们超强的组合能力，将一个变化无穷而又多姿多彩的语言世界呈现在我们面前。事实上，它们的实际功能并非局限于此。我们将在以后的章节中分别对以上词语作更为深入的探讨和解析。

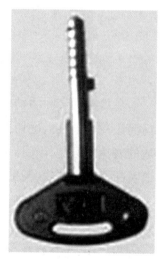

传说中的"万能"钥匙

"万能动词"是从古代到现代都十分活跃的一类词，它有一个比较专业的术语，叫"泛义动词"。早在 20 世纪初就已有专家学者发现了这类动词的特殊用法，并对个别动词进行了专门的研究分析。此后，又有不少学者对其他类似的动词进行了研究，但这些都是针对个别的动词进行的语义、用法、搭配等各方面的研究及阐述。1990 年刘瑞明在他的《不是"混蛋"动词，而是泛义动词——泛义动词论稿之一》一文中正式提出了"泛义动词"这一概念，将"打、作、为"称为泛义动词，认为"它们的词义就是指称许多具体动词"，并专门介绍了"打"字的泛义用法和特点。刘文中"泛义动词"这一概念的提出在当时引起了不小的轰动,这主要是因为它对于学术界来说是一个极具重要理论意义的学术命题。然而这一命题在提出之后并未得到足够的重视,究其原因,一是由于刘文对"泛义动词"这一概念本身的界定缺乏系统性和清晰度;二是后人在引用和使用"泛义动词"时尚不能将之很好地推广和普及,不能形成条例和理论。因此,"泛义动词"虽被提出,但存在界定不清等问题。本书主要针对这一类动词的特点分项说明。

"万能"动词作用很大,但并不是绝对的"万能"。万能动词可以指称绝大多数表示具体意义的动词,但是并不是适用于任何场合、替换任何动词。它们用法广泛,但也有部分动词是它们所无法驾驭的。比如,"搞"可以替代大部分处置性的及物动词,它的处置性很强,但是一般不能指代表心理类的动词、判断类的动词、能愿类动词、趋向动词、有或没有等非处置性动词、跟身体状况有关的动词,以及"姓、成为、像"等关系动词。

所以"万能"动词只是相对于其他动词而言,并不是绝对的"万能"。

二 "万能"动词的特点

所谓"万能"动词,就是指一个动词的义项并不固定,它可以在许多自由结构中充当句法成分,并指称或替代一些表具体意义的动词,意义宽泛而多变,适用于各种大大小小的场合,可以说意义众多,用法"万能"。那么"万能"动词有哪些特点呢?

(一)义项丰富

例如"搞"字,《汉语大字典》中介绍了"搞"字的三个义项:1. 做;干;从事。2. 弄;设法得到。3. 整治。但在实际运用中,"搞"的义项大大超过了这三个,现在用得十分普遍的说法如"搞鬼"、"搞假"、"搞忘记了"等等。总的来说,"搞"有表示从事、开展、进行、担任等方面的意思,

如:"搞四个现代化","搞后勤";有表示制作、设置、建设、制定等方面的意思,如:"搞了一个方案","把气氛搞好";有表示整治、玩弄等含贬义色彩的意思,如:"把这批人搞下去","不要在外面乱搞女人"。除此之外,由于网络用语的广泛使用,"搞"字还产生一些新的意义和用法,如:恶搞,搞定。如今,"搞"作为一个动词,它可以指称和代替许多具体的动词,已不仅仅表示一个具体的动作,而是随着语境的不同,表达不同的意义。

(二)指代性强

"万能"动词在使用过程中已不再单纯表示一个固定的动作,而是常常变换身份。随着不同的语境表达不同的意义,我们把万能动词的这种性质叫做指代性,每一个万能动词的指代性都非常强。比如:

(1)不要搞一言堂

(2)搞无政府主义

(3)搞改革

(4)搞一些人突击一下

(5)你又搞迟了一步

(6)搞动乱

(7)搞联欢

(8)搞不利于团结的小圈子

(9)搞运动

(10)我们不想搞那一套方案

(11)她很会搞关系

(12)搞了一个方案

"搞"字在上述例子中,就分别指代"提倡、宣传、实行、安排、行动、策划、进行、组织、开展、采用、处理、制定"。再来看"作"字:

（1）东都周默未尝作东，一日请客，忽风雨交作。

（2）他就决定把角上印着"末世诗人"几个小字的名片作废。

（3）若有作奸犯科，及为忠善者，宜付有司，论其刑赏。

（4）没有"满服"就讨姨太太生儿子，没有"满服"，就把唱小旦的请到家里来吃酒作乐，这是什么家风？

（5）甲午，以安南莫康武作乱，攻陷太原、高平等处。

（6）可是她那该死的打呃很不作美地又连连来了。

（7）我的眼儿流泪，我的心儿作呕。

"作"在上述例子中，分别指代"做东道主、弃置不用、奸诈狡猾而违反国法、寻求欢乐、暴乱、成全好事、恶心呕吐"。

（三）用处广泛

"万能"动词可以说是"上得了厅堂、下得了厨房"，报纸、杂志上它们天天露脸，电视广播里也是常常见到、听到。上至老人，下至孩童，都能运用自如。它们比影视明星的出镜率都还要高呢。

1. 文章标题

（1）中注协：会计师不得搞低价竞争

（2）"恶搞杜甫" 焚琴煮鹤似的审美

（3）搞体育能力重于实力

（4）四个"没有完全搞清楚"

（5）学生恶搞诗圣是否有伤大雅

（6）把党员中心打造成红色温馨家园

（7）老品牌打拼婚庆市场焕发活力

（8）廉署打虎，新鸿基地产市值单日蒸发380亿港元

（9）时刻保持高度警惕，打好防火攻坚战

（10）一"打"一"拉"，天津PE机构西游新疆

（11）让农村上学娃吃得更好

（12）"吃几吨才致癌"的监管态度最可怕

（13）重吃"折箩"

（14）采价过程中怎样少吃"闭门羹"

（15）让老百姓吃得更放心

2. 广告语

（1）不作他选！——盈科电话

（2）喝了娃哈哈，吃饭就是香——娃哈哈

（3）光头男拿着盒大宝：我跟我媳妇说你也弄盒贵点儿的呀。嘿，人家就认准大宝了！女对男说：大宝明天见！男说：大宝啊，天天见——大宝

（4）不打不相识——打字广告

（5）"just do it，要做就做"——耐克

（6）原来我们可以做得更好——美的空调

（7）世间自有公道，付出终有回报；说到不如做到，要做就做最好——步步高复读机

（8）立邦漆，处处放光彩，让一亿人先聪明起来，让我们做得更好——立邦漆

（9）喝孔府宴酒，做天下文章——孔府宴酒

（10）赢了，你请客，我请你们吃喜之郎。喜之郎，赢家的风采——喜之郎

（11）你买汽车不来考虑一下我们克莱斯勒的汽车那你就吃亏了——克莱斯勒汽车

（12）如果您每天吃一瓶本厂出品的鲜奶，连续坚持5214个星期，您将会活到100岁！——某牛奶厂在报上登出一则广告

三 "万能"的条件

　　刚刚我们说到了"万能"动词的诸多妙用,那么究竟"万能"动词"万能"的机关在哪里呢?下面让我们一起揭开万能动词的神秘面纱,一起探访万能动词的万能奥妙吧!

　　"万能"动词之所以"万能",是它的内部语义条件、语符性质以及外部语用因素共同作用的结果。

(一)语义条件

　　"万能"动词为什么可以像孙悟空一样七十二变,在不同的场合呈现出不同的面貌呢?我们认为这首先取决于万能动词本身的硬件条件,那就是万能动词本身丰富的词义。动词的词义概括起来包括以下五大类:本义、引申义、语境义、虚指义和介词义。

根雕孙悟空

1.本义

　　本义是词原本的意义,也是它最早最古老的用法。汉字是表意文字,字的本义与字的构造往往有着密切的联系。从字形上我们可以看出部分词的本义,比如"打"字。"打"的最早的古字是小篆"𢪙",我们可以看出,"打"的最早字形是左边一只"手",右边是一个"丁"。手持钉子是想要干什么呢?用钉子固定东西,还是把钉子固定在墙上,还是用钉子进行其他武力活动呢?然而不管是哪一种活动,都离不开"击",因为不论是用钉子"攻击",还是"触击"都与"击"有关。所以我们可以肯定"打"的本义是与"击"有关的。

2. 引申义

引申义是从词的本义"引申"出来的意义。由本义推演而派生出来,比如"打"字的本义是"击",在漫长的人类进化史中,人类逐渐由猿猴进化成人,直立上身行走,解放出一双手用于劳动。在这个过程中,"打"这个行为起着重要的作用。古人频繁地使用"打"这个动作来获取他们的生活所需,制造出各种生产用品,以致"打"成为人们生活中最广泛的活动。在不间断的劳动中,人们将最初用手或器具撞击物体的力度加强,引申出"打"的其他行为动作。例如:(1)表示捕猎、收获等:打鱼、打猎、打鸟、打野鸡;(2)表示制造、建造、编织、构成、获得:打洞、打家具、打毛衣、打醋、打饭;(3)表示敲击、拍打、殴打:打拍子、打架、打仗、打字、打铃、打击;(4)表示举起、发射、放出、进入、发出:打火把、打胎、打针、打虫。虽然这些义项都发生了变化,但是都是从"打"的本义引申而出的。

3. 语境义

语境义是动词在具体语境中所表现出来的具体意义。动词在尚未使用之前,其义项一般都比较单一和固定,一旦放到了语境这个活水之中就显示出了它们变幻莫测的高超本领。如果说引申义是与动词的本义之间有着或多或少的联系的话,那么动词的语境义与其本义之间的联系就不是那么容易让人分辨,甚至有些根本没有什么直接的联系。而且"万能"动词本身就可以带数量惊人的宾语,其本身的意义会随着宾语的变化而发生不同的改变。但即使是带着同样的宾语,在不同的情况下也会呈现出不同的意义,这就需要我们结合上下文的语境来加以分析。比如:

(1)"打头"

a. 只听哗啦啦一阵响,一瓢冷水打头上淋了下来,之后就是劈头盖脸的一顿臭骂。

b. 不一会儿工夫,村子外就围了一群人,仔细一看,打头的就是他们大当家的杨万青。

c."失败算什么?"老王把杯子往地上一摔,"大不了,咱再打头重来!"

d."呀！孩子还这么小,你打头干吗呀!"张妈一把护过孩子。

上述四个例子,虽然都是"打头"一词,但却呈现出了四种不同的用法。a句中的打头是副词,打头上淋了下来也就是从头上淋下来的意思;b句中的"打头"是动词,即带头、领头的意思;c句中的"打头"是介词,从头的意思;d句中的"打头"是动词,打是抽打、拍打的意思。

(2)"打眼儿"

a.这件衣服颜色鲜艳,穿出去肯定很打眼儿!

b.张保柱从身后的柜子里拖出来一个破旧的罐子,擦了擦上面的灰尘说:"早前没有经验,这个罐子花了我两万！如今两千都不到,真是买打眼儿了!"

c.往墙上打个眼儿,再绑上几根铁丝,一个简易的阳台就这样做成了。

上述三个例子中,a句中的"打眼儿"是形容词,形容衣服的颜色鲜艳、惹人注意;b句中的"打眼儿"是动词,指买东西没注意,没看出毛病,买上当了;c句中的"打眼儿"是动词,往墙上钻孔、钻眼的意思。

(3)"弄鱼"

a.我不会弄鱼,所以只能站在岸上看小伙伴们在水里玩得热火朝天。

b.这鱼还活蹦乱跳的,我不会弄鱼。

c.这道红烧鱼真好吃,我都不会弄鱼!

上述三个例子中,a句中的"弄鱼"是逮鱼、捉鱼的意思;b句中的"弄鱼"是清洗,把鱼弄干净的意思;c句中的"弄鱼"是做鱼、红烧鱼的意思。

4.虚指义

虚指义中的虚是与实相对的意思,"虚"即虚无、没有,我们将"万能"动词的实际意义虚化之后的那些意义统称为虚指义。比如"弄"字,在《新华大字典》中主要以动词形式出现,"弄"的虚指义主要表现为弄与某些动词或形容词结合构成复合词,从而使"弄"的实际意义虚化。

《新华大字典》书影

(1)"弄"可以和动词性词素相结合,与之搭配的另一动词性词素才是整个词的真实意义所在,"弄"在词组中并无实际意义,仅仅充当另一词素的陪衬。例如:

a.说了这么久,我的话你还是没弄明白啊?真是白费了我一番苦心!

b.鱼刚一下锅,就噼里啪啦地溅起了一层油,也弄污了我的手。

c.他显得格外的紧张,不停地玩弄着他的衣襟。

上述三个例子中,a句中的"弄"完全依附于后面的"明白","明白"的意义就是"弄"的意义;b句中"弄"同样也是意义虚指,有没有弄字句子本身的意义不会发生变化,去掉弄字后句子所表达的意义仍是完整的,即"鱼刚一下锅,就噼里啪啦地溅起了一层油,也污了我的手";c句子中的动宾词组"玩弄"实际上也只有"玩"的意思,"弄"在"玩"之后实际上也只是虚义的陪衬。在《中华大字典》中"弄"的第一义项为玩,由此可见"玩弄"实际意义就是"玩",玩弄只是两个词素意义的重叠。

（2）"弄"字后也可以附形容词,这时"弄"的意义也就等同于后附的形容词的词义。例如:

a.在不接壤的文学飞地上信马由缰,在不及物的理论高空玩虚弄玄。

b.这时卡萨尔斯拥抱铃木,弄湿了铃木的肩膀。

在这两个例子中,a 句中的"弄"就是为了配合前面的"玩虚"构成的双音节词,其主要意义还是在"玄"字上;b.句中的"弄"同样也无实际意义,此句意义实际上也等同于"这时卡萨尔斯拥抱铃木,湿了铃木的肩膀"。

5.介词义

我们知道,现代汉语中的介词大多都是由古代汉语中的动词虚化而来。而对于一个词来说,最大的变化也就是其自身词性的变化。就像本书开头所讲,"打"字的本义是"击",是动词义,而现代汉语中"打"字在经过了长期的发展演变后,逐渐生成了介词义。比如"打头再来"中的"打"就是"从"义,"打明儿起"中的"打"就是"自"的意思。可以说动词"打"从"击"的动词义虚化出"从"、"自"等介词义的这种变化也就是"打"字在长期的历史文化发展过程中由积少成多的量变引起质变的结果。对于"打"字的本义来说,演变再生有介词义,也是"打"字最大的变异。

本义、引申义、语境义、虚指义和介词义是"万能"动词"万能"的强而有力的硬件条件。它们词义之多、用法之广也正是"万能"动词区别于其他动词的独门武器,也是"万能"动词可以替代其他动词的制胜法宝。

（二）语符性质

如果说"万能"动词的词义之多是其"万能"的内部条件,那么人类语言符号的特点就是其"万能"的重要外部条件。

第一,语言符号的有限性。

语言与人类的生活息息相关,是人们交流的工具,也是人类认识世界的工具。在漫长的人类进化过程中,语言也随着人类认识世界和认识自我能力的提高而不断的得到了充实和发展。就像汉语的方块字,由最初的甲骨文、金文,到大篆、小篆、隶书、楷书、行书,发展至今,既反映了汉字本身复杂的变化,也从某个角度反映着整个中国文化的大发展。

人类社会的发展就是人类进化的过程,在这个过程中人类不断克服自身认识的局限,并且取得了一个又一个成就,所以说整个人类的发展史也是人类的进步史。人类社会在进步,人类的思维在发展,这就要求人类的语言也要不断发展,从而尽可能地涵盖人类的整个生活、交际、观察,最大限度突破人类自身局限、尽可能准确反映人类的认识成果,尽可能流畅地用于交流。

然而世界上的万事万物都有它们各自的特色,呈现出各种不同的变化和面貌,杂乱分成、千变万化。虽然人类的语言已经做到了尽可能的细致入微,但却仍然无法准确清晰地指称每一种事物、每一种变化。语言符号的有限性决定了人类不可能极尽详致地对每一个概念都拟订出一个专有的、特定的语言符号。这就在客观上需要一个语言符号承担起表达多个概念的任务。所以我们既可以看到有些指称某些单一义项或固定内容的专有词语,比如"云、树、吃、砸、吹",也可以发现某些词具有"七十二般变化",如《现代汉语词典》(修订本第五版)中"搞"字的三个义项:1. 做;干;从事。2. 设法获得;弄。3. 整治。

这种义项增多的过程,也就是词的多义扩展过程。这个过程并不是随心所欲、杂乱无章的。人类按照自身认识事物的一般规律,有原则、有逻辑地对事物进行范畴化和概念化,并通过隐喻来完成词的多义拓展。

第二,语言符号的模糊性。

"模糊"这一概念是从数学和哲学中引进的语言学术语。可以说，语言的模糊现象存在于世界各大民族的语言之中。无论是发达的现代社会还是原始的民族部落，无论是广泛使用的世界语还是深具民族特点的小语种，都概莫能外。波兰著名哲学家当·沙夫（Adam Schaff）曾经说过，"在客观实在中，在于此所代表的各类事物（和各类现象）之间是有过渡状态的；这些过渡状态即'交界的现象'，说明了我们所谓的于此的模糊性的根源"。总的来说，语言模糊的特点就在于语言符号所标示的对象边界的模糊。如果一个词语所标志的对象与其对立面的词语所标志的对象之间没有明确的界限的话，那么就可以说它是模糊的。

　　语言的模糊性，一方面在于语言符号的离散性和客观事物的连续性之间的矛盾。用离散的语言符号去标志连续的事物，或者用有限的符号来表示无限的事物，必然会造成模糊。比如人从呱呱坠地到咿呀学语，到长大、成熟，到逐渐老去，这一系列的过程都是连续不间断的，人们可以用肉眼观察到一个人在某一个时期的特征，却无法说出这些变化的具体时间。虽然语言中划分出了"婴儿"、"幼儿"、"少儿"、"儿童"、"少年"、"青年"、"中年"、"老年"来标志不同的年龄阶段，但是仍然无法绝对将每一种现象区分清楚。另一个方面，语言的模糊性也是人类思维和交际的需要。语言符号既可以模糊地标志客观事物，也可以将之精确、清晰的呈现出来。但是在日常交际中，并不需要我们每时每刻都去搜肠刮肚地寻找那些准确而不常用的词语。虽然模糊的词语并不一定生动、具体、准确，为了日常交际的轻松、简便，人们更愿意借用这类模糊词语。

　　语言符号的有限性和模糊性为"万能"动词的出现和使用提供了强而有力的外部支持。当人类认识到现有语言无法解释所有状况，也就逐渐接纳了这类意义宽泛而多变的"万能"动词。所以当说话人不愿意使用词义准确的词语或一时找不到恰当的词语时，"万能"动词也就有了在广阔的语言天地中大展拳脚的机会。

（三）语用因素

语言是交际的工具，只有当语言参与到实际的交流过程之中，才能发挥出它们真正的功效。否则，就会如同一组摆设，终将失去立足的资本，从而蒙上尘埃，直至退出历史的舞台。所以，一个词只有不断处于动态使用过程中，才能体现出它的价值，才能不被历史淹没。

一个词生命力的强弱是由它使用频率的高低决定的。像蓝天、白云、小河、泉水、奔跑、吃饭、喝水这些词之所以经久不衰，是因为这些都是人们惯常所接触到的事物，与人们的生活息息相关。而像赶集、抓周、抛绣球等等，虽然也反映人们的生活，但是因为历史的发展和社会的开放，这些现象已经成为老一辈的回忆，逐渐从人们的生活中消失了，只在某些古代知识的读本或古装电视剧中偶尔出现，其他场合已经很少再

绣 球

有它们的足迹了。再比如，"跑"替代了"走"，"走"替代了"行"，"到"替代了"至"，"睡"替代了"寐"，"想"替代了"思"，"住"替代了"居"，"看"替代了"视"，都是如此。

万能动词在古代就已经较为频繁地被人们使用，并且随着历史的发展人们又赋予了它们更多鲜活且富有生活气息的意义。万能动词之所以能这样广泛被人们使用，就是由万能动词的语用价值决定的。语用价值又由语境意义决定，而语用意义则由语境和最终释义共同决定。

首先，我们在上文讲过，"搞"、"干"、"弄"等"万能"动词本身就可以带数量庞大的宾语，可以指称不同的动词，而且会在不同的语境中呈现出不同的面貌。所以语境就决定了"万能"动词在具体运用中的具体含义。

1. 句子结构决定"万能"动词的意义

比如,"搞通思想工作"、"搞好自己的事"、"搞街道卫生"、"搞好群众关系"这几个例子都是"搞"加具体事项。在这种句子结构中,"搞"字就有"做、干、弄"的意思。再比如,"搞几本书"、"搞几部手机"、"搞一台电视"中,当具体名词进入"搞"加数量词加表示具体事务的名词做宾语的结构时,"搞"字就有"设法获得"的意思。

2. 具体语言环境制约"万能"动词的意义

比如,"我去弄点菜",并没有出现上下文的语境,所以我们很难得知"我去弄点菜"中的"弄"到底是指称什么动词,如果换在下面几个语境中,"弄"的语境义就会一目了然。比如:"弄"可以是"买"的意思,"家里来客人了,这点菜不够吃,我再去弄点菜吧!"这里的"弄点菜"就时"买点菜";"你还没吃午饭吧,我去给你弄点菜",这里的"弄"就是"做、烹饪"的意思;"家里没米没油,已经快揭不开锅了,我去弄点菜吧",这里的"弄"就可能是"偷"的意思了。一个句子的具体语境义也会制约动词的具体行为义,必须要借助上下文、交际方式、交际场合、交际时间等因素共同确定动词的具体指称义。

其次,虽然动词出现在同一个语境中也会有不同的释义,但是动词的最终释义只有一个。听话人通过对上下文的理解和对文本的解读,最终推导出唯一一个符合语境的具体含义。如:"我去搞台车",在这个句子中,假如说话人非常有钱,而听话人也知道这一事实,那么这里的"搞"就是拿钱去买的意思。假如说话人此刻有急事,急需用车,而他自己没有车,但说话人有朋友有车,那么这里"搞"的意思就是借或者租。假如说话人很穷,没有有车的朋友,也没有其他的办法可以弄到一辆车,那么这里的"搞"就有偷或抢的意思。同样,"我在搞功课"中的"搞"既可以指"复习"也可以指"预习、完成"等义项,但是通过推导,最终释义只有一个。

正是由于上述这些特点,"万能"动词才可以在一些自由结构中取代某些表意清楚而且具体的动词,或在某些语用环境中无法找到精准而

确切的词语,或者说话人根本就不想找的时候成为说话人的首要选择。

四 "万能"动词与多义的区别

"万能"动词都是日常生活中常见、常用的词语,它们意义丰富多彩,用法变化多端,符合汉语一词多义的现象。它们都是神奇的宝物,与有着悠久历史的中华上下五千年的语言思维、社会文化、民族风气、社会习惯和地方特色有着紧密的联系。它们在不同的词组中就有各种各不相同的意义,在实际的生活运用中,万能动词更是变化无穷。那么,万能动词和我们平常所说的多义词是一个概念吗? 如果不是,那它们的区别又有哪些呢?

我们首先来看一个典型的多义词,"算计",在《现代汉语词典》中一共有四个释义:①计算数目:数量之多难以～。②考虑;打算:这件事慢一步办,还得～～。③估计:我～他今天回不来,果然没回来。④暗中谋划损害别人:被人～。

我们可以看出,"算计"是一个典型的多义词,它一共有 4 个义项,而且每一个义项都可以如实地反映在例句当中,除此之外再无其他意思。

我们再来看一个"万能"动词,比如"打",《现代汉语词典》(第六版)中列举了 24 个义项:1. 用手或器具撞击物体:～门|～鼓。2. 器皿、蛋类等因撞击而破碎:碗～了|鸡飞蛋～。3. 殴打;攻打:～架|～援。4. 发生与人交涉的行为:～官司|～交道。5. 建造;修筑:～坝|～墙。6. 制造(器物、食品):～刀|～家具|～烧饼。7. 搅拌:～馅儿|～糨儿。8. 捆:～包裹|～铺盖卷儿|～裹腿。9. 编织:～草鞋|～毛衣。10. 涂抹;画;印:～蜡|～个问号|～墨线|～格子|～戳子|～图样儿。11. 揭;凿开:～开盖子|～冰|～井|～眼儿。12. 举;提:～旗子|～灯笼|～伞|～帘子|～起精神来。13. 放射;发出:～雷|～炮|～信号|～电话。14. 付给或领取(证件):～介绍信。15. 除去:～旁权。16. 舀取:～水|～粥。

17.买：~油|~酒|~车票。18.捉(禽兽等)：~鱼。19.用割、砍等动作来收集：~柴|~草。20.定出；计算：~草稿|~主意|成本 ~ 二百块钱。21.做；从事：~杂儿|~游击|~埋伏|~前站。22.做某种游戏：~球|~扑克|~秋千。23.表示身体上的某些动作：~手势|~哈欠|~嗝儿|~踉跄|~前失|~滚儿|~晃儿。24.采取某种方式：~马虎眼。然而在实际的运用中，"打"的义项远远不止上面列举的24个，比如打针、打枪、打拍子、打字、打饭、打车等等，这些义项只有出现在交际中我们才能看出它的具体意义。

　　由此，我们可以看出，"万能"动词和多义词并不是同一类词，"万能"动词的词义之多与多义词的多个义项也并不是一回事。那么究竟差别在哪，我们就一起来研究一下。

　　1.多义词的诸多义项是动词本身就有的，在实际的运用中，多义词根据其义项的不同，来选择不同的宾语或补语与之搭配。"万能"动词的意义只有在具体的语言运用中才能得以体现，并根据所带宾语或补语的不同来不停地变换自己的身份，表达出各种不同的意义。

　　如："深"。"深"是一个典型的多义词，在《现代汉语词典》(第六版)中它共有八个义项，下面八个例子中的"深"只能表示一个义项。

(1)从上到下或从外到里的距离大：这口井很深。

(2)深度：河水深两米。

(3)深奥：这本书很深。

(4)深刻；深入：影响很深。

(5)(感情)厚；(关系)密切：我们的友谊很深。

(6)(颜色)浓：这种布的颜色很深。

(7)距离开始的时间很久：夜已经很深了。

(8)很；十分：你的遭遇，我深有同感。

　　而"打"的意义，只有在具体的句中我们才能分辨出它的具体意义：

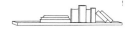

趣数汉语「万能」动词

（1）今天我们来打牌吧！——做某种游戏。

（2）打手势。——表示身体上的某些动作。

（3）鸡飞蛋打。——表示蛋类因撞击而破碎。

（4）打猪草。——表示用割来收集。

（5）打个问号。——表示画个问号。

（6）打灯笼。——举起。

（7）成本打两百块钱。——计算。

（8）打架。——殴打。

2.多义词有明确的本义,各个意义之间也都有明确的引申关系或隐喻关系,万能动词的本义有的很明显,有的就很难说清楚它的本义具体指什么,各个意义之间有的可以看出明显的引申义,但有些意义与本义之间并无明确的引申关系和隐喻关系。比如:

鬼:基本义——迷信的人所说的人死后的灵魂。

引申义——躲躲闪闪,不光明,如"鬼头鬼脑、鬼鬼祟祟";也指不可告人的打算或勾当,如"捣鬼、心里有鬼"。

海:基本义——大洋靠近陆地的部分,如"大海、东海"。有的大湖也叫"海",如"黑海"。

引申义——大的,如"海碗、海量"。

比喻义——比喻连成一大片的很多同类事物,如"人海、火海"。

算账:基本义——计算账目,如:"别打扰他,他正在算账呢。"

引申义——吃亏或失败后与人较量,如:"好了,这回算你赢,下回再和你算账。"

包袱:基本义——用布包起来的包儿,如"捆包袱"。

比喻义——比喻某种负担,如"思想包袱"。

赶不上:基本义——追不上,如"他已经走远了,赶不上了。"

引申义——来不及，如"离开车只有十分钟，怕赶不上了。"

钉子：基本义——金属制成的细棍形的物件，一端有扁平的头，另一端尖锐，主要起固定或连接作用，也可用来悬挂物品等。如"螺丝钉子"。

比喻义——比喻难以处置或解决的事物，如"钉子户"。

而在"打"字的众多义项中，"打"的有些用法很难直接说明它同本义的关系，甚至连它的词义都很难准确地看出。

比如："每日有那一般打散，或是戏舞，或是吹弹，或是聚唱，赚得那人山人海价看。"（《水浒传》第五十一回）打散，指的民间艺人，没有正式固定的演出场所。"打地摊"、"打野呵"说的也是这个意思，"打"同"散"、"地摊"、"野呵"绝不是一般的动宾关系，如果不用"打"就难以有这么紧凑的说法。"你们这起烂了嘴的，得了空就拿我取笑打牙儿，一个个不知怎么死呢。""又和那个小厮们打牙撩嘴儿的顽笑。"（《红楼梦》第三十七、六十五回）"打牙"说的是说笑、斗嘴。前一例在现在的口语中有"嚼牙岔骨"的说法，后面一例也叫"磨

《醒世姻缘传》书影

嘴皮子"。再比如："战战的打牙巴骨，回不上话来。"（《醒世姻缘传》第五十二回）"打牙巴骨"是牙齿打战、嘴唇发抖，按照常理应该称为"牙齿打架"，可在这里作为打的主语的牙齿却成了打的宾语。这些用法的"打"字实在难以用一个动词准确地解释它的意义，而同时又能同它原带的宾语构成合理的动宾关系。其他的还有"打牙祭"、"打尖"、"打烊"。

3.多义词也都有几个义项，但是这些义项中有的释义使用频率高，有的释义使用频率较低，有些甚至很少被人们使用。而"万能"动词的

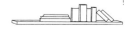

各个义项并没有明显的常用与非常用的区别。

比如"还愿"。"还愿"有两个义项，一个是指"（求神保佑的人）实践对神许下的报酬"，另一个是比喻实践诺言。在生活中，我们经常使用的是第一个义项，如"去庙里烧香、还愿"，"如果说给先人修坟，是富起来后的一种'还愿'，那么给活着的人造坟却是有些令人纳闷的了"。而较少用到还愿的第二个义项。

而"打"，我们经常会说"打车"、"打的"、"打架"、"打饭"、"打农药"、"打比赛"、"打耳光"、"打主意"、"打雷"、"打捞"、"打滚"、"打官司"、"打鼾"，这些都是我们的日常用语，很难分辨出常用或不常用。

4. 多义词的义项是可以穷尽的，它对语境具有很强的依赖性，每一个释义在具体语境中都可以找到相应的例句，而且通常情况下在一定的语境中只有一个释义。而"万能"动词因为总是在句子中指称不同的动词，变换不同的身份，表达不同的含义，所以在实际运用中所体现出来的意义是无法穷尽的。

如"吃"，在《新华字典》中的释义是 9 个，在《现代汉语词典》中的释义是 8 个，除此之外再无其他义项。

而"打"，《汉语大字典》中将其动词义分为 34 项，《现代汉语词典》修订本分为 24 个义项，《汉语大词典》分为 32 项，除了在这些字典词典中所罗列的义项，我们发现在现实生活中，"打"字还有其他用法，有的可以在具体语境中看出它的意义，有的甚至不能分辨它的具体释义是什么。所以根据现有的资料我们无法精确掌握"打"字的所有义项。

5. 多义词只能表示一个具体的动作，而万能动词可以表示一系列的动作。

多义词只能表示一个具体动作，如"称"，就是测定重量，"把这条鱼称一称"就表示把鱼放在秤上，测量它的重量这个动作。

"万能"动词表示的动作并不单一，比如"弄鱼"，可以从买到或钓到一条鱼开始，到清理鱼，刮鱼鳞，剖肚子，煎鱼，直到做好这之间的一系列动作。

从以上五点我们可以看出，"万能"动词和我们平常所说的多义词并不是一个等同的概念,它们之间存在着一些不同的方面,而它们最主要的差别就在于多义词对于它的诸多义项有语义上的限制,而"万能"动词几乎不具有这种类似的限制,或者说根本就没有能力进行这种限制。

五 本书中的基本概念和体例

(一)字和词

本书的名字叫《趣数汉语"万能"动词》,并列举了"搞"、"弄"、"整"等八个动词,但是在本书中我们又经常称之为字,比如"搞"字、"弄"字、"整"字,这是不是说"字"和"词"是一个概念? 其实不然。我们先来明确一下字、词、语素的含义。

字是记录语言的符号,是书写的单位,基本上一个汉字就记录一个音节。现代汉字是记录现代汉民族语言所使用的书面符号体系,是汉字发展到现阶段所使用的文字。比如"中华人民共和国"就有七个汉字,七个音节"zhōng huá rén mín gòng hé guó"。

词是指一定的语音形式跟一定的词汇意义相结合,并且可以独立运用的最小的语言单位。首先,词的语音形式是固定的,它的内部结构比较紧密,声韵调也是固定不变的,比如我们经常说的"吃饭"、"学校"、"参加"、"活动"。在一个句子中,一个词中间不能有停顿出现,比如"参加校园活动",就应该是"参加|校园|活动",而不能读成"参|加校|园活|动"。其次,词都有跟语音形式相匹配的完整而明确的意义,比如"榴莲"、"玻璃"、"尴尬"都是一个词,意义也比较明确,如果拆开来讲"榴"、"莲","玻"、"璃","尴"、"尬"就没有了意义,它们就分别是一个汉字,而不是词。再次,词能够独立运用,可以和其他的词语自由组合,组成短语或句子,表现出一定的语法功能,比如"他来拿书包","他、来、拿、书、包"都能单说,可以单独做句法成分,也是词。最后,词还是最小的语言单位,比如"我爱祖国的语言",可以切分为"我|爱|祖|国|的|语|言"七个最小的语言单位,但是只有"我"、"爱"、"的"可以单独成词,

"祖"和"国"两个字合起来才成为一个词,"语"和"言"两个字合起来是一个词,所以这句话有七个字五个词。

语素是语言中最小的音义结合体。现代汉语中的语素大部分是单音节的,比如日常用语"天、地、云、树、花、草"等。也有两个音节的,比如"踌躇、彷徨、参差、蜡烛"等。还有一些是三音节或三个音节以上的,比如"法西斯、海洛因、哈尔滨、乌鲁木齐、奥林匹克"。

字、词和语素在通常情况下并不是一一对应的关系。

但是现代汉语中,多音节语素或多音节词比较多,它的每一个音节都需要一个字来表示,这个时候三者就不能完全一致。比如:"芙蓉"是由一个语素构成的词,却需要两个汉字来表示;"莫斯科"也是由一个语素构成的词,需要三个汉字来表示;"葡萄干"是由两个语素"葡萄"、"干"构成的词,需要三个汉字来表示;"电视机"是三个语素构成的词,需要三个汉字来表示。

我们可以通过下表来区分:

性质	例　子											
字	我	爱	大	地	仿	佛	葡	萄	干	口	香	糖
语素	我	爱	大	地	仿佛		葡萄		干	口	香	糖
词	我	爱	大地		仿佛		葡萄干			口香糖		

一般情况下,一个汉字就是一个音节,所以,凡是单音节语素或者只有一个语素构成的词都是用一个字来表示,如"人、猫、狗、河、土"等等。这个时候,字、词、语素就是一致的,三者合而为一。因为本文中所讨论的万能动词都是"单音节"的,所以为了方便,我们往往把它们称为"字"。

(二)义项

书中经常提到一个"万能"动词有多个义项,这个义项就是指词的理性意义的分项说明。

义项原本是辞书中的专用术语，借用来表示相应的语义单位。有的词只有一个义项，比如"高价"，只有一个义项，"较高的价格"。"高攀"有两个义项：一个是指跟社会地位比自己高的人交朋友或结成亲戚；另一个是比喻数量等向上升。词的义项的多少，要根据词在出现的语境中所展示的语义。如果一个词在所有的语境中都只有一个意义，那么这个词就只有一个义项；如果有两个或两个以上的意义，那么这个词就有多个义项。

根据词的义项的多少可以把词分为单义词和多义词。单义词是只有一个义项的词，多义词是有两个或两个以上义项的词。

万能动词不同于多义词，这个在上文已有表述，这里不再赘言。

（三）本书的编写体例

本书共分为九个部分，第一部分为"万能"动词概述，余下的八个部分分作八章。这八章详细分析"打、弄、整、搞、做、作"等几个常见"万能"动词以及方言中的"万能"动词。我们将先从字形、字音、字义等方面做一个基本介绍，然后讲解它们的"万能"用法。对于每一个具体的"万能"动词，其"万能性"的表现是各不相同的，可以分为两方面：

第一，主要表现为强大的构词能力，即能够以语素的身份跟其他语素构成数量众多的合成词。比如"打"，其"万能性"主要表现在构词能力上，它可以以成词语素的身份跟很多语素结合构成合成词，虽然其中许多合成词由于方言味过浓而没有收入《现代汉语词典》，但是它们"词"的身份是不能否认的。

第二，主要表现为强大的入句能力，即能够以单音节词语的身份进入句子，充当句子的谓语，并且在不同的语境中呈现出不同的语义。比如"整"，其"万能性"主要表现在入句能力上，它可附带各种各样的宾语构成句子。

鉴于"万能"动词上述的特点，我们在具体讲解每个"万能"动词的时候会有所偏重，有的侧重于分析其构词能力，有的侧重于其入句能力。

第二章

怎一个"打"字了得

一 "打"字概说

《水浒传》是我国四大名著之一,其中有很多章节都被大家所熟知,比如"武松打虎":

> 武松把左手紧紧地揪住顶花皮,偷出右手来,提起铁锤般大小拳头,尽平生之力,只顾打。打得五七十拳,那大虫眼里、口里、鼻子里、耳朵里,都迸出鲜血来。那武松尽平昔神威,仗胸中武艺,半歇儿把大虫打做一堆,却似躺着一个锦布袋。
>
> ......
>
> 当下景阳冈上那只猛虎,被武松没顿饭之间,一顿拳脚打得那大虫动旦不得,使得口里兀自气喘。武松放了手,来松树边寻那打折的棒橛,拿在手里,

《水浒传》插图"武松打虎"

只怕大虫不死，把棒橛又打了一回。那大虫气都没了。武松再寻思道："我就地拖得这死大虫下冈子去。"就血泊里双手来提时，那里提得动。原来使尽了气力，手脚都酥软了，动旦不得。

只这两段，不禁让人为武松的勇猛叫好，也为作者栩栩如生的描绘拍手称快。五个"打"字尽显武松的英雄风范，活脱脱一个鲜明的猛士浮现眼前。《水浒传》总共一百二十回，有二十个标题中都有"打"字，如"史大郎夜走华阴县　鲁提辖拳打镇关西"、"柴进门招天下客　林冲棒打洪教头"、"花和尚单打二龙山　青面兽双夺宝珠寺"、"虔婆醉打唐牛儿　宋江怒杀阎婆惜"、"横海郡柴进留宾　景阳冈武松打虎"、"施恩重霸孟州道　武松醉打蒋门神"、"武行者醉打孔亮　锦毛虎义释宋江"、"扑天雕两修生死书　宋公明一打祝家庄"、"一丈青单捉王矮虎　宋公明二打祝家庄"等。

《水浒传》成功地塑造了李逵、鲁智深、林冲、武松等众多鲜明的英雄形象，也让"打"字在其中尽展风采和光芒。

"打"字产生于东汉中后期，不仅在古代被广泛使用，经过了两千多年的社会变迁之后，"打"字词义越来越丰富，用法越来越灵活，在现代汉语中仍然保持着旺盛的生命力。在中国文字改革委员会、国家标准局所编《最常用的汉字是哪些——三千高频度汉字字表》，"打"字的字频序号是第 316 号。悠久的历史和目前使用的高频度，充分说明了"打"字用处之广，运用能力之强。回顾"打"的历史，不禁让人感慨：怎一个"打"字了得！

二　说文解字

"打"字从最初表示"击"义发展到现代汉语中包含众多义项，使用非常广泛的"万能"动词，其间"打"字的形、音、义都经过了长期的演变和发展。

（一）字形

汉字是表意文字，字的本义与字的构造有着密切的联系，"打"字也不例外。

从"打"字的小篆字形，我们可以看出，这个字的左边是一个"手"，右边是一个"丁"，"打"字的字形是"手"合"丁"而成。

小篆"打"字

中国最早的字典《说文解字》中并没有收录"打"字，只有"杠"，并释为"橦也"。北宋徐铉校订《说文解字》，新附的手部十三个字中有"打"字，并将"打"字释义为："打者，击也，从手，丁声，都挺切。"这里把"打"字注为形声字，而非小篆的会意字，但是意义相同。清本《说文解字注》中也没有收录"打"字，既然"打"字的研究始于东汉，这三部字典对"打"的记录却各有分歧，究其原因，原来是跟"杠"字有关。

表"触撞"义的"杠"与表"击"义的"打"有着密切的联系，"杠"字对"打"的意义的变化也起着非常重要的作用。"杠"字出现较早，据考证，今存《说文解字》最早版本唐写本木部残卷释之为："杠，撞也，从木，丁声，亭。"

这样一来，"打"应该就是"杠"的异文。胡明扬先生在《说"打"》一文中说道："要承认写法不同的两个字是同一个字的异文必须有一个先决条件，那就是形虽异而音、义却并同。""如果音、义并异，那么就应该是两个不同的字，偶尔的笔误只能算作笔误。在现存的宋以前的字书和韵书中，'杠'和'打'是两个字，不仅字形不同，字音和字义也不同。""'打'从手，'杠'从木；'打'属端母，'杠'属澄母或知母；'打'是'击也'，'杠'是'伐木声也'，'橦也'。"

正如胡明扬先生所说，"杠"与"打"是两个字。马忠在《"打"字的过去和现在》一文说："古时从木旁的字，现在多讹变作从手。如《说文》木部'枪，距也。一曰：枪，攘也。'是枪即今之抢字。又'棪，续木也'，段注云：'接之言棪也，今接行而棪废。'是棪即今之接字。盖以枪攘接木必用手,故遂讹变作从手。杸字变为打,原因亦当如此。"

所以"打"和"杸"因"木"与"扌"的笔误,"打"字逐渐包容了"杸"的"触撞"义,在之后的不断使用过程中,这一意义得到了固定。大约在唐代"打"由笔误而成为"杸"的俗字,最终彻底取代了"杸"字,而成为一个使用频率极高的动词。

(二)字音

"打"字的读音一直以来都颇具争议,虽然现有的资料无法确切地让我们知晓"打"字读音的具体演变情况,但是仍能从中看出"打"字字音发展的演变轨迹。

"打"字的语音演变或许跟关中方言有关。"打"字最初可能是方言,与"杸"字音近,由于"木"与"扌"的笔误,"打"逐渐取代了"杸"字进入通用语中,替换了"杸"的音切,隋唐时虽尚能区分,但两个字已经开始混用,不再刻意强调双方之间的差异,并逐渐固定下来。在现在的关中方言中,"打"的"都挺切"的切音仍然有所保留。景尔强的《关中方言词语汇释》一书中写道:"打,dǎ,击义。这是现代汉语中尽人皆知的音义,但关中方言词中有时却读'dìng(定)',意思却不变,如说'他被人打了一顿'、他不讲理,拿住打'等等。"

(三)字义

"打"字具有很强的替代性,在日常生活中被广泛运用。它就像一盒万金油,频繁出现在人们的生活交际之中,也吸引了不少学者对它进行研究探索。这其中既有共时的研究,也有历时的罗列;既有概括的综述,也有详尽的讨论。就连大名鼎鼎的欧阳修都曾经对"打"字做过认真的研究,他在《归田录》卷二中说道:

今世俗言语之讹,而举世君子小人皆同其谬者,唯"打"字耳。其义本谓考击,故人相殴,以物相击,皆谓之"打",而工造金银器,亦谓之

"打"，可矣，盖有"锤击"之义也。至于造船曰"打船、打车"，网鱼曰"打鱼"，汲水曰"打水"，役夫饷饭曰"打饭"，兵士给衣粮曰"打衣粮"，从者执伞曰"打伞"，以糊粘纸曰"打粘"，以丈尺量地曰"打量"，举手试眼之昏明曰"打试"，至于名儒硕学，语皆如此：触事谓之"打"。

所谓"触事皆谓之打"，就是几乎任何动作都可以用"打"来称说，这是对"打"字做出的最早解释。由于欧阳修受到传统训诂学的束缚，无法从本源解释为何"打"字可以有如此之多用法，所以对"打"字超强的组合能力和适应特点也不能给予合理的解释，只能说是"世俗言语之讹"、"君子小人皆同其谬"。

吴曾《能改斋漫录》卷五"打字从手从丁"条，在引欧阳修之论后说："予尝考《释文》曰：'丁者，当也。'（按，实出自《尔雅·释诂》）打字从手从丁，以手当其事者也。触事皆谓之打，于义亦无嫌也。"吴曾从"打"字的客观实际出发，承认"打"字用法的合理性，并将"以手当其事"视为"打"字的本义，在欧阳修的基础上，把"讹"、"谬"的"触事皆谓之打"改为"于义亦无嫌也"。

后世对"打"字的研究多继承欧阳修和吴曾这两派的言论，从后代到清代，对"打"字的研究几乎成了传统性的问题。正是"打"字本身用法的变幻莫测引来无数专家学者热议商讨，也使得诸多语言学家为此困惑伤神。

"打"的本义是"击"，从"打"字的小篆字形可以看出"打"字的字形是"手"合"丁"而成。"丁"字在甲骨文、金文中原为一颗"钉子"的形象，它的本义就是钉子，"丁"是"钉"的本义，因此，"打"字见形示义为"手钉钉子"的动作。无论是用钉子来钉东西，或者是把钉子固定住，或者用钉子来从事武力活动都离不开"击"这个动作，由此也可以看出"打"的本义是"击"。

"打"字发展至今，已经成为了一个典型的"万能"动词，它的用处十分广泛。《现代汉语词典》中列举了"打"字的 24 个义项，除此之外，

"打"字可以对应书面语中诸多其他表示动作行为的动词。比如"打"字替代书面语的"制造"（器物、食品），就成了"打刀"、"打家具"、"打烧饼"、"打豆腐"、"打豆浆"；替代"搅拌"，就有了"打馅儿"、"打糊儿"；替代"放射、发出"，就有了"打信号"、"打电话"、"打雷"、"打炮"；替代"定出、计算"，就有了"打主意"、"打草稿"、"成本打二百块钱"。"打"字以一当十，将书面语中众多具体动词化繁为简，在方言中也是如此，可以替代许多方言口语词，比如"打介绍信"可以表示付给或领取证件这样一个行为动作，"打脱离"则是替代离婚这一法律行为程序和手续的说法，"打摆子"是形象的替代患疟疾之后的症状特点。而且"打"字的方言用法都还或多或少带有现代书面语的痕迹，简单方便，用处广泛。

总的来说，"打"的用法主要有以下三种：

（1）用手或器具撞击物体。如：打鼓。刘义庆《世说新语·豪爽》："（王敦）自言知打鼓吹。"刘孝标注："敦尝坐武昌钓台间，闻行船打鼓嗟称其能。"唐杜甫《十二月一日》诗之二："负盐出井此溪女，打鼓发船何郡郎？"宋姜夔《鹧鸪天》词："移家径入蓝田县，急急船头打鼓催。"沈从文《从文自传·辰州》："我不会吹号，却能打鼓。"

杜甫画像

（2）器皿或蛋类因撞击而破碎。如：碗打了，鸡飞蛋打。《偷房出租奇案》："这个借鸡生蛋的假房东自以为作案手法高明，孰料转眼间便落得个鸡飞蛋打一场空的可悲下场，并将受到法律的惩罚。"琼瑶《烟锁重楼》："靖南索性一巴掌把碗打碎在地上。"

（3）殴打，攻打。如：打架，打援。新华社2004年新闻稿："小的时候，有时因争抢玩具发生一点纠纷，小平只要说上一句：'不打架啊，姐

姐要让着弟弟妹妹哟!'孩子们马上也就偃旗息鼓了。"

但是在实际运用中,"打"在不同的语境中有不同的语境义,可以指代更多的具体动词。

三 "万能"用法

"打"字的万能性主要体现为"打"的构词能力很强,可以组成许多词语。它可以以成词语素的身份和其他语素构成合成词,它和其后的语素一起构成整个词汇的意义来指称某个具体动作;也可以附于一个表具体动作义的动词之前,还可以陪衬在一个实义动词之后,整个动词的意义以和它搭配的另一个实义动词的意义为主。

(一)实义"打"字构词

在这种结构中语素"打"与其他语素结合指称某个具体动作,其意义很实在,因此"打"在整个词语中不可或缺。

打靶:按一定规则对设置的目标进行射击。

走上靶场前,李大麻子很自信,他认为打靶就像他在村庄里屠猪宰羊那样简单,一枪就能撂倒一个动物。[《故事会》(2005)]

打败:战胜敌人或对手;在战争或竞赛中失败。

他们听见说,九江也打开了,蒋介石没有伤脚,吴佩孚究竟打败了。(毛泽东《湖南农民运动考察报告》)

打包:用纸、布、麻袋、稻草等包装物品;打开包着的物体。

西门庆这里是来保,将礼物打包整齐。(《金瓶梅词话》第四十八回)

打扮:使容貌和衣着好看。

一九四九年九月……整个北京被打扮起来。新华门前,焕然一新;天安门前,雄伟庄严。(徐迟《凤翔》)

打叉:在公文、试题等上面画"×",表示不认可、否定或有错误。

每当她在批改泰迪的卷子时,她会从打叉中得到某种不当的乐趣。(《心灵鸡汤》)

打岔:用不相关的话打断别人说话或工作。

坐定之后,又把巡捕号房统叫上来,吩咐道:"我吃着饭,不准你们来打岔。"(清·李宝嘉《官场现形记》第五十三回)

打车:乘坐出租车。

还有的时候,为了抢时间排戏、演戏,侯老就叫离市区很远的演员打车来,说是"团里报销",其实都是侯老掏腰包。(1998年1月《人民日报》)

打倒:击倒在地;攻击使垮台。

应该说是求胜的欲望助了我一臂之力,输了的话,我觉得是它打倒了我。把豪言壮语喊出来总是比闷在心里,更能让我全力以赴。(姚明《我的世界我的梦》)

打点:收拾、准备(礼物、行装等);送人钱财,请求照顾。

汇了一万多银子来,里里外外,上上下下,都打点到了,然后把呈子递上去。(清·吴趼人《二十年目睹之怪现状》第七回)

打动:使人感动。

只因他一眼看定了姑娘是个情性中人,所以只把情性话打动他。(清·文康《儿女英雄传》第二十六回)

打工:做工(多指临时性的)。

做群众演员不但是许多人走向成功的道路,也是许多人在北京生存的打工方式之一。(《中国北漂艺人生存实录》)

打滑:指车轮或皮带轮转动时产生的摩擦力达不到要求而空转;地滑站不稳、走不稳。

皮带和皮带轮之间摩擦太小,皮带会打滑;如果将皮带绷得紧一

点,或将松香涂在皮带表面,就可以增大摩擦力,防止打滑。(《中国青少年科学探索百科全书》)

(二)虚义"打"字构词

有时候,"打"字可以和其他动词性语素相结合,构成双音节动词。"打"字在这种组合中意义虚化,只充当另一动词的陪衬,没有实际意义。整个词语的意义取决于和它搭配的另一个具体动词。去掉"打"字并不影响整个词语的意义。这种现象又分为两种情况:

1."打"字可以陪衬在具体动词之前,成为一个同义语素组合的双音节动词,意义是后随的动词。比如:"打量","打"字陪衬在"量"字之前,但是意义虚化,"量"意义就是"打量"的意义;"打消"义为"消除"(用于抽象的事物),其中"打"字只是虚义的陪衬,"打消"只有"消"的意思。像这种词语还有"打听"、"打算"、"打扰"、"打住"、"打造"等等。

严几道的翻译,不用说了。他是:译须信雅达,文必夏、殷、周。其实,他是用一"雅"字打消了"信"和"达"。(瞿秋白《文艺论集·论翻译》)(打消就是消的意思)

求你告诉我,究竟有没有打消你辞职的意见。(柔石《二月》)(打消意即消,消除)

五百年前是因缘,君今打合成一对。(《张协状元》五十二出)(打合即合,凑集)

学者须是立志,今人……遇字,刻且胡乱凭地打过了,此只是志不立。(《朱子语录拼略》卷二)(打过,即让事情过去)

只说史进回到庄上,每日只是打熬气力。(明·施耐庵《水浒传》二回)(打熬,就是熬,指锻炼)

沈公两个辛苦了,打熬不过。(明·凌濛初《初刻拍案惊奇》三十一

卷)(打熬即熬,指经受)

郡王将封简子去临安府,即将可常、新荷量轻打断。(冯梦龙《警世通言》第七卷)(打断就是断,指判罪)

问:"诸公能打对否?"人皆不敢对。因云:"天,对甚?其中一人云:'对地。'"(《朱子语录牌略》卷八)(打对即对,对对子)

圣贤之言,分分晓晓八字打开,无些子回互隐伏说话。(《朱子语录样略》卷一二四)(打开就是开,张开)

恰如头火相似,自去打灭了。(《朱子语录样略》卷十一)(打灭就是灭,熄灭,以扑打的方式灭掉)

2. "打"字也可以后附于另一动词词素之后,仍然只是虚义的陪衬,整个动词的词义取决于前面的具体动词的意义。这样的结构有:"敲打、拍打、摔打、攻打、殴打、击打、叩打、望打、踢打、骂打、试打"等等。不过"打"字作为陪衬后附于另一具体动词的情况比较少见,书面语中的记录也相对来说少于口语方言中的用法。前面七个比较常见,与之搭配的动词均有"打击"义,后面的四个用法来源于甘肃方言中,在普通话中很少见到。

只听得钾番娘道:"关得门户好,前面响。"钾番道:"撑打得好。"(《警世通言》卷二十)("撑打"就是"撑",意思是门已经支撑住了,"打"字在此没有实际意义。)

金荣气黄了脸,说:"反了!奴才小子都敢如此,我只和你主子说。"便夺手要去抓打宝玉、秦钟。(清·曹雪芹《红楼梦》第九回)("抓打"只是"抓"的意思,只要把宝玉抓住就行。)

央姑妈外拐,收捉铜钓注于两件,同两领补打衣裳,替我拿来典当里去当当。(《山歌》卷九《烧香娘娘》)("补打衣裳",也就是缝补衣物,

"打"字并无实意。)

商量商量,和他分打开了罢,各自于各自的。……那王八羔子不愿意分打开了……我这双小腿子,可也伸打开了。我婆婆要是合我分打开了……(《白雷遗音》卷二《婆媳顶嘴》)("分打"也就是"分家","伸打"就是把腿伸展开来。)

"打"字后置于具体动词之后的情况较多出现于方言口语中,比如《湖南安化歌谣》:

天上起打五色云,地下妓链要反情。少年姐,要反情就反情,要把当初话讲明。

另一首有句:

望打月亮向西流,反眼问姐留不留。

又有湘潭民歌:

我劝我郎要学乖,同掉吃饭莫打讲,对面碰打莫发呆。就是神仙也难猜。

现在甘肃陇东方言中"打"字后置的说法比较普遍。如:"你把衣服试打一下。""拿尺子来等打一下,看长短如何。""我只是骂打了他两句。""一月的工资,全叫他踢打完了。""应付差事的文字,随便写打两句,何必认真。""小孩子无非是乱画打,也画不出什么名堂。"

四 "打"字趣闻

1."混蛋字"还是"万能字"？

"打"字具有很强的替代性,在日常生活中被广泛运用。它就像一盒万金油,频繁出现在人们的生活交际之中,然而也正是因为"打"的这一特点,曾经被称为"混蛋字"。

在新文化运动时期,刘半农先生搜集了关于"打"字的词条100多个,此后短短10个月内就又搜集到关于"打"字的其他词条8000多个。1926年刘半农将已经搜集到的众多"打"字信息加以归纳整理,写出了一篇杂文《"打"雅》。所谓"雅",就是要像《尔雅》一样,可以给"打"字专门出一本字典以释其义,可以看出刘半农对"打"字的揶揄和嘲讽。

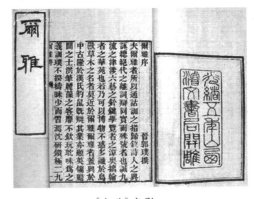

在文章中,他将100多个"打"字词语进行了意义解说,一口气举出了100多种"打"字的用法,最后将"打"字认作"意义含混"、"混蛋到了透顶",遂把"打"字称为"混蛋字"。

把"打"字归为混蛋字,这种说法虽然不甚科学,但对于"打"字的特色,却可见一斑。

《尔雅》书影

2."打酱油"

"打酱油"是2008年度十大网络流行语之一。传统解释是:以前的酱油都是零卖零买的,自己拿着瓶子到商店,你要多少,人家就给你称多少,这就叫打酱油。成为网络用语之后的解释为:网络上不谈政治,不谈敏感话题,与自己无关,自己什么都不知道,就用此话回帖而已,相当于"路过"。

打酱油一词有很多个来源版本,版本一:

源自于陈强与陈佩斯父子的喜剧《父与子》中的一个镜头：影片中陈佩斯所饰演的二子因为要考大学，刻苦温习功课，以至于走火入魔。父母让他出去打酱油，结果他拿着瓶子，一边背书一边走，撞到一个路牌，上边写着"前方施工，请绕行"。于是他绕着牌子转了一圈，又拿着空瓶子回去了。空走了一遭，什么也没留下，什么也没买回去，就像路过一样。（摘自网络）

版本二：

由于以前酱油都是散称零卖的，而家里一般都唤小孩去跑腿，也算作是对小孩的一种锻炼。一般是指小孩都很大了，都能自己一个人去买酱油了，通常都比喻一种预期的结果或时光飞逝，或指说自己已经老了或是不年轻了如：我上大学时，我的初中同学结婚了，他就对我说："你结婚时，我孩子都能打酱油了。"（摘自网络）

版本三：

《铁道游击队》第七章：

王强提着一个大玻璃瓶子，眨着小眼，摇晃着膀子，装出一种很快乐的神情，到车站上去。见了鬼子的岗哨，他神情是那么自然，站上的买卖人、脚行都是老熟人，一见面就问：

"王头，多久不上站了呀！提着瓶子打酒么？"

"不，"王强笑着说，"我是来打酱油的，听说洋行里不是有新来的好酱油么？"

王强一边和站上的买卖人搭讪着，一边向洋行的那一边走去。

……

可以看出，在《铁道游击队》中，打酱油就已经是"路过，观察"的幌子了。（摘自网络）

版本四：

广州电视台采访一位市民,问他对于新闻事件的看法,这位市民说:"关我什么事,我出来买酱油的。"这句话也因此流传开来,各种 PS 和改编风靡一时。由此"酱油男"一词在网络成为笑谈,甚至派生出了酱油族等网络用语。(摘自网络)

3.《甲 A 又打起来了》

2001 年 3 月,经过一个冬季的休养生息,中国足球重开战。3 月 11 日,《羊城晚报》在体育新闻版上用大字标题刊出一则消息:《甲 A 又打起来了》。虽是平常的几个字,读来却别有风味。这则标题,好就好在和球迷有着内在的情感上的呼应。凡是球迷,都视球如命,球赛季节,是他们的"盛大的节日"。"甲 A 又打起来了",有一种奔走相告的味道,欣喜之情溢于言表。看似直白的口语,却牵动着球迷的脉搏。更妙的是,这个"打"字一语双关。打,既是本赛季"开打",又暗指绿茵场上的风波。中国足球,水平不高,但"新闻"不断,一会儿球迷闹事,一会儿球员厮打,一会儿追殴裁判,一会儿黑哨乱吹,热闹极了。2000 年的足球赛季,几乎就是在"打"中落幕的。新的赛季开始,"又打起来了",这是讽刺,也是警示,读者自会发出会心的微笑,而球界上下,则应深思。顺便再说一句,这则标题像"味道好极了"一样,地道一句大白话,其实却是在用"典"呐! 看过京剧《沙家浜》的人都知道,刁德一不知道阿庆嫂和沙奶奶是什么关系,暗示刘副官跟踪观察,阿庆嫂何等机灵,将计就计,故布"迷魂阵",刘副官急急回来报告:"参谋长,打起来了!"看到《羊城晚报》标题,我就想到这幕情景,越想越有味道。(摘自裘山《好一个"打"字》)

趣数汉语「万能」动词

4. 专属之"打"

"打"字有些义项的产生具有很强的时代背景性,在特殊的背景下有着特殊的含义。从清朝末年到建国初期,人们的卫国保家情绪被充分激发,处处可见"打倒帝国主义"、"打倒日本帝国主义"、"打倒清政府"、"打倒国民党"之类的标语,"打倒"就是这一时期的历史赋予它的特定含义:"使进入一种低微的或恶劣的或失败的状态——常用于祈使句表达一种愿望。"

改革开放以来,西方休闲活动的引进,报道中才多了"打高尔夫球"、"打网球"等当下时髦的活动,出租车大行其道之时,人们出门时会说"打的",即要辆出租车,而"打黑除恶"又是专指近年来社会沉渣泛起而言,"打黄打非"亦然。这些都是时代的变化。(摘自网络)

5. 乘出租车为什么叫"打的"

近年来乘出租车已渐成为平民百姓生活中出门代步的一种手段,"打个的吧"也已成为人们顺口的说法。但是,为什么要说"打的"呢?"叫个车"、"拦个车"、"要个车"等等的词语都能够体现"打的"的意思,那么又缘何要采用"打"这个字呢?这还得先说说和的士有关的一个有趣的故事。

1907年初春的一个夜晚,美国一富家子弟亚伦同他的女友去纽约百老汇看歌剧。散场时,他去叫马车。虽然他的目的地离剧场只有半里路远,车夫却漫天要价,向他们索要的车钱是平时的十倍。亚伦感到太离谱,就与车夫争执起来,结果被车夫打倒在地。

亚伦伤好后,为了报复这个马车夫和其余爱敲竹杠的马车夫们,就想利用汽车来挤垮马车这种交通工具。但要解决两个问题,一是汽车要小巧灵活,二是要有计程仪表。亚伦首先请他一个修钟表的朋友根据他的构想发明了计程表。为了标明这些汽车是出租的,又是按路程远近计费的，需要给汽车一个简单的名字。亚伦想到了在巴黎看到的一个词"Taximetev"，即计程付费的汽车。他就给出租车起名"Taxi－car"，这就是现在全世界通用的"Taxi"（的士）的来历。1907 年 10 月 1 日，"的士"首次出现在纽约的街头。若干年以后，马车行业确实被的士挤垮了。（摘自网络）

其实"打的"这个词语并不是现代汉语中本来就有的词语，而是源自粤方言。出租车在经济比较发达的香港和广东地区较早出现，于是粤方言中也就相应有了"搭的士"的说法。随着经济的发展，出租车这一新事物也成为内地社会生活的需要，"搭的士"的说法就传到了内地。不过"搭的士"的说法传到内地却成为"打的"。那么，这"搭"和"打"的一字之差又是怎么产生的呢？这可能与"搭"、"打"的音义有关。

粤方言中"搭"属于阴入中的浊塞音声母字，而在普通话中"搭"已读为阴平。粤方言中读入声的"搭"在北方人听上去不是阴平调，但又没有相应的入声调来记录此义，也许就用听上去与"搭"音相近的"打"来表示。

"打"由阳声韵演变为阴声韵，读为上声，在语音上与粤方言中读入声的"搭"相近，都是仄声字，"打"可训读为"搭"，"搭"也有"打"义。因而由于"搭"在粤方言与普通话中的读音差异，粤方言中的"搭的士"进入通语中说成了"打的"，"的"则为"的士"的省略。

第三章

舞文"弄"墨

一 "弄"字概说

"弄",一个极其寻常的字眼儿,经文人雅士的一番涵咏润泽,便"翻弄"出令人意醉神迷的诸般情采来。比如:

> 小山重叠金明灭,鬓云欲度香腮雪。懒起画蛾眉,弄妆梳洗迟。照花前后镜,花面交相映。新贴绣罗襦,双双金鹧鸪。(唐·温庭筠《菩萨蛮》)

闺中少妇懒起画眉,娇慵梳洗。然而"悦己者"不在身边,一个"弄"字将主人公内心细微而复杂的世界全盘托出,点化出人物的孤独与寂寞心境。

> 明月几时有?把酒问青天。不知天上宫阙,今夕是何年。我欲乘风归去,又恐琼楼玉宇,高处不胜寒。起舞弄清影,何似在人间。转朱阁,低绮户,照无眠。不应有恨、何事长向别时圆?人有悲欢离合,月有阴晴圆缺,此事古难全。但愿人长久,千里共婵娟。(宋·苏轼《水调歌头》)

苏轼作品《水调歌头》

　　诗人把酒对月，于迷蒙的月色之中翩然起舞。醉态朦胧，旋转飘飞，舒卷自如，一个"弄"字，既写尽了"欢"，也写活了"醉"。

　　水调数声持酒听，午醉醒来愁未醒。送春春去几时回？临晚镜，伤流景，往事后期空记省。沙上并禽池上暝，云破月来花弄影。重重帘幕密遮灯，风不定，人初静，明日落红应满径。（宋·张先《天仙子》）

　　诗人揽镜自照，伤春自伤。忽而云开天际，月破长空，月下之花增显别样知觉与生气。一个"弄"字，写出了景物由暗而艳的摇曳生姿，如诗如梦，显示了一种迷人的朦胧美。难怪清人王国维赞叹道："着一'弄'字，境界全出矣！"

　　"弄"字在古代文学中发挥着微妙的作用，许多大家都很偏好"弄"字，比如李白和秦观。不仅因为"弄"字含义丰富，能带给人们无限的遐想，更因为"弄"的独特艺术气息，或凸显人物可爱形象，或暗示人物孤寂情怀，或寄予主人公相思之苦，或传达词人的侠骨柔情。总之，"弄"应该是所有"万能"动词中文化气息最浓、艺术韵味最重、最会舞文弄墨的一个"文化字儿"。

　　"弄"字不仅在古代文学中是个备受青睐的"宠儿"，在现代汉语中也是个较为特殊的词，使用范围广，使用频度高。据《现代汉语频率词

典》统计,现代汉语中动词"弄"的使用频率在汉语所有常用字中排名靠前,占第 522 位。"弄"字原本就是一个具有多种实际意义的动词,随着社会的发展、语言环境的变化,更是增添了许多新的用法,显示出极强的适应性,更平添了一种朦胧离奇的风味儿。

二　说文解字

(一)字形

甲骨文"弄"的字形

战国"弄"的字形

秦篆"弄"的字形

以上三个分别是甲骨文、战国、秦篆中"弄"的字形。甲骨金文"弄"字像双手在戏台上"弄示"、"弄王"、"弄玉"之形,《甲骨文字典》引唐兰说解弄字曰:"象于岩穴中两手持玉之形。"这是从"弄"字的构件特征来说的,但是"弄"字头顶的像山状的部件并非"岩穴"之类的地方。在古代,无论是举行赞美天神或贵族生活的歌舞表演,还是进行祭祀活动,都是用来赞美"天神地祇"、"帝王将相"和"贵族生活",都是一种很隆重很正式的活动,不可能在岩穴之中进行。所以"弄"字顶部的构件应该画的是商代表演用的戏台子或者戏楼,上方悬挂着像山一般的彩色悬额,底下的方框就是表演皮影戏、傀儡戏的戏台子。这样甲骨金文弄字"以双手弄某字",就会令人联想到以双手操纵戏偶的皮影戏、傀儡戏等戏曲形式,也就可以推测出"弄"字本义表示"弄戏"。

(二)字义

据考证,"弄"的称谓最起码在春秋时期就已经出现,并逐渐形成了带有戏要、游戏性质的集杂技、歌舞、滑稽动作为主要内容的喜剧表演。

《说文解字》中释之为："弄,玩也。"由此可知,"弄"字自古就是一个动词,并且带有游戏性质。从"弄"字的甲骨文金文字形中也可以看出,"弄"的本义就是"弄戏"。中国古代把演戏也称"弄",如晋代有"梅花三弄",唐代有"弄参军"、"弄兰陵王",宋代有"弄悬丝傀儡",福建传统戏有"搭渡弄",梨园传统戏有"妙泽弄","傀儡戏"也叫"弄傀儡","皮影戏"也叫"弄影戏","舞狮子"也叫"弄狮子"等等。所以"弄"字自古就与戏曲歌舞有关。

在"弄"字后来的各项引申义中明显也残留着与"弄戏"有关的本义元素。根据文献资料和有关辞典解释,"弄"字含义主要有以下几种:

（1）手拿着、摆弄着或逗引着玩儿。如《说文》有"弄,玩也"的解释;《前汉·赵尧传》有"高祖持御史大夫印,弄之"之句。

（2）戏弄、戏谑、游戏。如《左传·僖公九年》:"夷吾弱不好弄。"李白《长干行》诗中有"郎骑竹马来,绕床弄青梅"诗句。

（3）欺侮、狎弄。《前汉·东方朔传》:"自公卿在位,朔皆敖弄,无所为屈",《左传·襄公四年》:"愚弄其民。"

（4）伎艺表演。如《庄子·徐无鬼》:"市南熊宜僚弄丸,而两家之难解。"《旧唐书·文宗纪》:"是日,杂技人弄孔子。"

（5）音乐演奏。如明代曲谱《神奇秘谱》记载了晋代桓伊曾为王徽演奏的笛曲"梅花三弄"曲谱。唐代陆龟蒙《乐府杂咏·双吹管》:"高楼明月夜,吹出《江南弄》。"

三 "万能"用法

在各种字典辞书中,对"弄"字的解释不过只有"摆弄"、"做、干、办、搞"、"玩弄"、"耍"等几个常用意义。然而"弄"字以一当十,经一番"舞文弄墨"之后,在"固定性"词义诠释之外,为我们展示了另一番神奇美妙、活泼灵动的"不定性"用法。即便是一些贬义色彩很浓、讽刺意味极强的词语,一经"弄"字介入,无不传神传情、形神兼备:"拨弄是非"、"弄

巧成拙"、"弄口鸣舌"、"搔首弄姿"、"卖弄风骚"、"弄鬼掉猴"。"窥一斑而知全豹"、"着一字而见本真",让我们情不自禁地被"弄"字带入另一个玄妙的天地,去窥探琳琅满目的"弄"字家族,去感受丰富多彩的语言魅力。

(一) 实义"弄"字构词

"弄"与其他语素的组合能力很强,于是衍生出了许多与"弄"相关的词语。下面我们撷取其中的一些进行解释:

弄潮儿:在潮水中搏击嬉戏的年轻人,也指驾驶船只的人。比喻敢于在风险中拼搏的人。

浊浪在拍岸,站在山冈上者和飞沫不相干,弄潮儿则于涛头且不在意。(鲁迅《三闲集·柔石作〈二月〉小引》)

弄鬼:捣鬼。

原来都是他弄鬼,如今又干办着送他去了。(《金瓶梅词话》第四十五回)

弄假成真:本来是假装的,结果却变成真事。

(行者)揪住公主骂道:"好孽畜!你在这里弄假成真,只在此这等受用也尽彀了,心尚不足,还要骗我师父。"(明·吴承恩《西游记》第九十五回)

弄巧成拙:想耍巧妙的手段,结果反而坏了事。

孩儿系深闺幼女,此事俱是父亲失言,弄巧成拙。(明·许仲琳《封神演义》第五十六回)

弄权:把持权柄,滥用权力。

四人同心辅政,患苦外戚许史在位放纵,而中书宦官弘恭、石显弄权。(《汉书·刘向传》)

玩弄:用不严肃、不尊重的态度对待人或事物,含贬义;戏耍、戏弄。

(乔)喜欢找别人要一支烟在手里玩弄,间或放到鼻子上去嗅一嗅。(蒋子龙《乔厂长上任记》)

摆弄:反复拨弄或移动;随意支配或玩弄。

有些工人学生像摆弄母亲给他们的玩具似的,抱着炮颈坐在上边。(杨朔《前进,钢铁的大军》)

弄虚作假:耍花招,欺骗人。

在执行生产计划的全部过程中,也应该实事求是,力戒浮夸和弄虚作假。(廖鲁言《一九五九年农业战线的任务》)

弄瓦:指生下女孩子(古人把瓦给女孩子玩。瓦:原始的纺锤)。

洪星使之妾临产,所备一切,均照西俗……奈五月中竟咏弄瓦,颇觉扫兴。(缪荃孙《艺风堂友朋书札·致缪佑孙》)

弄璋:指生下男孩子(古人把璋给男孩子玩。璋:一种玉器)。

(安老爷)好容易才找着了"病立痊,孕生男"六个字,忙说:"不是病,一定要弄璋的。"(清·文康《儿女英雄传》第三十八回)

班门弄斧:在鲁班门前舞弄斧子。比喻在行家面前卖弄本领,不自量力。

昨在真定,有诗七八首,今录去,班门弄斧,可笑可笑。(宋·欧阳修《与梅圣俞书》)

搔首弄姿:形容装腔作势卖弄风情。

夜总会的霓虹灯像幽灵的眼睛一样忽闪忽闪,侍立门洞的"服务员"搔首弄姿,嗲声嗲气,频频向路人兜揽生意。(1994年《人民日报》)

舞文弄墨:形容玩弄文字技巧,也指歪曲法律条文作弊。

欧阳修画像

趣数汉语『万能』动词

写碑的人偏要舞文弄墨，所以反而越舞越糊涂。（鲁迅《华盖集续编·厦门通信》）

弄口鸣舌：弄口：逞巧辩，搬弄是非；鸣：发声。掉弄口舌。指巧言辩饰或挑拨是非。

弄口鸣舌，只足饰非。（南朝梁·任昉《奏弹范缜》）

（二）虚义"弄"字构词

"弄"还可以和动词性词素相结合。与之搭配的另一动词性词素是词义的真正所在，而"弄"在词组中仅仅只是陪衬，它的意义虚化，取决于另一动词性词素的意义。像其他"万能"动词一样，"弄"字既可以前置也可以后附于另一个具体动词。

1."弄"字可以置于另一动词词素之前，其意义取决于后面的表具体意义的动词。例如，"我说了这么久，你还没有弄明白？"在此句中，"弄"的意义就是依附于"明白"的意义，这个句子可以说成"我说了这么久，你还没有明白？"其他的还有"弄丢"、"弄懂"、"弄坏"、"弄清楚"、"弄污"等等。

有时，百货商店门口排起了长队，有些人经过这里，还没有弄清楚在卖什么东西，往往先排个队，占个位置再说。（《中国儿童百科全书》）

其实，中央关注的重大原则问题都具有实质性，不弄清楚，具体问题的讨论就没有方向，也难以在香港社会形成共识。（新华社2004年新闻稿）

"当心！"绿女郎叫喊着，"那眼泪会掉在你的绿缎衣上，把它弄污了。"（清·李百川《绿野仙踪》）

杨过从郭靖怀抱中轻轻挣脱，说道："我身上脏，莫弄污了你老人家衣服。"这两句话甚是冷淡，语气中颇含讥刺。（金庸《神雕侠侣》）

迦㮉延译出的碑文传诵全国,但对碑文的内容解答不出。他为了弄懂内容的意义,访问了六师外道和一些有权威的老婆罗门都答不出。(《佛法概要》)

鸟岛变农田使他们在得到一点个人收获之后失去了什么,也没人想去弄懂。(1994 年报刊精选)

2. 附于另一动词词素之后,仍然只是虚义的陪衬。例如,"鲸挤弄着它的小眼睛,很吃力地才看到蜜蜂"。在这个句子中动宾词组"挤弄"实际上只有"挤"的意思,"弄"在这里就只是虚义的陪衬,它的意义完全依附于"挤"的意义。其他的还有"玩弄"、"颠弄"、"戏弄"、"逗弄"、"舞弄"、"摆弄"、"翻弄"、"捉弄"、"糊弄"、"嘲弄"等等。

日本决心扫除侵略的障碍——美国的太平洋舰队。它玩弄和平谈判的花招,掩盖作战意图,使偷袭取得了成功。(《中国儿童百科全书》)

以陈水扁为首的台湾当局无视广大中国人民统一祖国的愿望,玩弄"公投制宪"、"公投立法"等手段,以达到分裂祖国的险恶目的。(新华社 2004 年新闻稿)

她又把东西全摸了一个过儿,然后拿起一支破铁盒,在手心里颠弄着。小坡说了价钱,仙坡放下铁盒就走。(《老舍长篇·小坡的生日》)

作为组织者,陈刚在这群"闪客"戏弄了世纪联华超市之后,又带领他们来到一家麦当劳分店。(新华社 2004 年新闻稿)

强盗抢劫了一个商人,将他捆在树上准备杀掉。为了戏弄这个商人,强盗头子对他说:"你说我会不会杀掉你,如果说对了,我就放了你,决不反悔! 如果说错了,我就杀掉你。"(《中国儿童百科全书》)

在上面几个例句中,我们可以看出,无论"弄"字是前置还是后附于

其他具体动词,都只是虚义的陪衬,具体意义还是取决于另一个动词的意义。那么,既然用一个动词词素就可以表达出完整的意思,为什么我们还要在这个具体动词前后带上"弄"这个没有特殊意义的语素呢?我们知道,古代汉语的词汇主要是以单音节词为主,经过长期的发展演变,到了现代汉语词汇就变为主要以双音节为主。所以,"弄"字的存在就应该是作为构词语素而组成双音节词,从而补足音节,使整个上下文的衔接更自然流畅。

3. "弄"字之后可以附接形容词,这时"弄"的意义等于后附形容词词义。例如:"在不接壤的文学飞地上信马由缰,在不及物的理论高空玩虚弄玄。""这时卡萨尔斯拥抱铃木,他的泪水弄湿了铃木的肩膀。"

作为"万能"动词,"弄"字常可代替很多具体的动词。但"弄"字所能替代的动词有一定的限制,一般只能为可做结果补语的动词,这样去掉"弄"字之后,意义不会有太大的变化,只是语气会缓和很多。比如:"我把你的钢笔弄丢了。"去掉"弄"字后,仍然表达的是"我丢了你的钢笔",但显然这种说法口气较硬,没有使用"弄"字之后的语气缓和。这是因为"弄"字所表述的动作并不明确,使用"弄"后它的结果就成了说话人没有预想到的结果,句子口气就会更加温和,从而也比较容易被原谅。

(三)"弄"的指称性

"弄"字经常进入句子,发挥着更大的功用,可以指称许多表具体意义的动词。"弄"字常出现在这样的几种语境下:

"弄"字最常与名词组合构成动宾词组,在与名词搭配时,"弄"字可以指代许多表具体义的动作动词。"弄"的适应性极强,可以和众多名词进行组合,不同的搭配有不同的意义,即使是带着相同的宾语在不同的语境中也可以体现出不同的意义。所以对"弄"的理解需要结合它所处的上下文的具体语境。

(1)我不会弄鱼。

a. 我从来没有学过做饭,所以我不会弄鱼。

b. 这条鱼还是活蹦乱跳的,怎么收拾啊,我不会弄鱼。

c. 虽然这里的地理条件很适合养鱼,但是没有技术,我不会弄鱼啊!

单看"我不会弄鱼",我们并不能理解这个"弄"字具体指代的是什么动作,我们可以看作是"烧鱼"、"蒸鱼"、"打鱼"、"捕鱼"、"买鱼"、"捉鱼"、"洗鱼",还可以理解为"养鱼",所以只有根据上下文的语境才能理解"弄"的具体意思。a 句中的"弄鱼"就是"烹饪",可以理解为"我不会烹饪鱼";b 句中的"弄鱼"是"收拾",可以理解为"我不会收拾鱼、清理鱼";c 句中的"弄鱼"是"养鱼",可以理解为"我没有养鱼的技术,不会养鱼"。

(2)弄水。

a. 这荒郊野坡,到哪里去弄水呢?

b. 他这才叫别的护士,给他弄水洗脸,整顿行装。

c. 家里来客人了,妈妈弄水去了。

d. 菡萏香连十顷陂,小姑贪戏采莲迟。晚来弄水船头湿,更脱红裙裹鸭儿。

单看"弄水"也有无限意思,可以说成是"挑水"、"戏水"、"烧水"、"打水"、"买水"、"找水",结合具体语境,我们看出:a 句中的"弄水"是"找水,找到水源";b 句中的"弄水"是"打水";c 句中的"弄水"是"烧水";d 句中的"弄水"是"戏水"。

(3)弄桌子。

a. 下午要开会,小王弄桌子去了。

b. 这桌子已经有些年头了,经不起你这样弄。

c. 开会呢,不要弄桌子!

d.这些木材就留着给你弄桌子吧！

"弄桌子"可以让人有不同理解，"弄"可以代替"敲"、"拍"、"打"、"买"、"搬"、"借"、"制作"，呈现不同的含义。在上述四个例子中，a句中的"弄桌子"义为"搬桌子"；b句中"弄"义为"拍"；c句中的"弄桌子"义为"敲桌子"；d句中的"弄桌子"义为"制作一个桌子"。

四 "弄"字趣闻

1. 弄玉

相传秦穆公为爱女取名为"弄玉"，多么动听的名字啊！它似乎能引惹着人们遥遥想见她那如花似玉的美貌、冰清玉洁的风采。怪不得与这美丽的名字相伴的，是一个美丽的故事：

弄玉长得端丽脱俗，聪明绝顶，笙还吹得特好。二八妙龄，尚待字闺中。前来提亲的王公贵胄可谓是络绎不绝，踏破了秦宫宫阙的门槛。可是这个弄玉居然一个也没瞧入魅眼，为何？人说了，必得善笙箫，与我唱和者，方是我夫，其余非所愿也。整个一乐痴！她也不想想，世间尽皆俗人，偶尔有几个貌似高雅之士，然至于吹箫弄笙，与其唱和者，问世间能有几人？

弄玉把自己关在老爸为她专门构筑的凤楼，整天除了吹笙抚箫，就是对月长叹，顾影自怜。眼看着闺女这个样子，穆公急得满嘴冒泡，忙令士大夫百里视（百里奚之子）张贴下榜，在全国招纳良婿。

招婿榜上是这么写的：大秦公主弄玉，年方二八，慧质兰心，姿容绝世。善弄笙箫，自成天籁之音。凡未冠男子，善此器者，能与唱和，无论贵贱，即封王婿。先来先得，非诚勿扰。秦穆公廿三年。

谁知这招婿榜下了三月，也无人问津。眼看着再这样下去，闺女就要成为大龄老女，秦穆公急得寝食难安，天天在先祖祠庙祈祷。

这天，城门口来了个青年，看了几眼招婿榜，便伸手将它揭了。百里视见有人揭榜，忙过来招呼。那青年自称少华山人士，姓萧名史，外号三郎。五岁吹箫，自成一体，能演天下第一弄《华山吟》。百里视见他手里握着根褐箫，面目清秀，衣着却是简陋，谈吐间还带着酸腐，心想，王八看绿豆，这回没准就是他了！遂带他入城，沐浴更衣，歇过一宿，次日进殿觐见穆公。

穆公见萧史眉目俊朗，飘然出俗，心里即有几分喜欢，说道："寡人闻萧公子天赋异禀，能演得天下第一弄，甚慰。弄玉是寡人爱女，我得给他选个好婿啊。请公子和小女合演天下第一弄《华山吟》！"穆公说时，早有人在殿堂上摆好了器乐，乐工名伶俱各司其位。

萧史和弄玉相对而坐。萧史取箫，弄玉抚笙，笙箫幽启，立马演奏起来。此曲既出，端的是高山流水，春花秋月。斜月雕栏，夜尽阑珊，袅袅兮而余音不绝。众人如闻天籁，如品仙醪，似醉还痴。演奏完毕，众人连声喝彩。"嫁女当嫁萧三郎也！"穆公叹道。三日后，穆公将弄玉嫁给萧史，又将太华山封给萧史。此后，二人到太华山过神仙生活去了。（摘自网络）

至今，人们依然爱在箫管上镌刻"引凤"二字，悠悠呜咽的箫韵之间，似乎涵贮着一个永远的期待——箫韵九成，有凤来仪！（韵是舜时乐曲名。传说用萧演奏舜乐多遍，就能引来凤凰，并能一睹凤女"弄玉"仙容。）

2. 弄臣

"弄臣"这个词，是汉代文帝发明的。汉文帝的身边有一个大臣，名叫邓通，时为太中大夫，很得文帝的赏识和宠幸。有一天，承相申屠嘉上朝，而邓通却站在皇上的旁边，举止怠慢，有失礼节。申屠丞相奏完事后进言说："陛下宠爱臣子，尽可以使他大富大贵，至于朝廷礼仪却是不可以不严肃的。"皇上说："你不要说了，我就是喜欢他！"退朝后，回到相府

里，申屠嘉便下了一道征召的公文，要邓通到丞相府来。邓通没来，申屠丞相遂准备把邓通处死。邓通知道后大为恐慌，赶紧跑到宫里向文帝报告了这事，文帝说："你只管放心去，我立刻派人把你召回来。"

汉文帝刘恒

邓通到了丞相府，脱下顶冠，光着双脚，叩首谢罪。申屠嘉在原来的位置一动不动，故意不予礼遇。开口就骂："你邓通，胆敢在殿上举止随便，态度怠慢，已犯下了'大不敬'之罪，该当斩首！"邓通吓得以首顿地。申屠丞相还是不肯放过他。文帝算算丞相已经让邓通吃够了苦，便派人拿着圣旨召回邓通。并让使者转告丞相说："此吾弄臣，君释之。"邓通才被放回。故而普遍认为，弄臣是帝王所宠幸狎玩之臣，"供君主戏弄的人"，俗话就是能逗皇上开心的人。弄臣不会参与什么政事，他们的主要本事是吹拉弹唱，幽默风趣又不失礼节。（摘自网络）

3. 弄巧成拙

北宋时期，有位画家，叫孙知微，专擅长人物画。一次，他受成都寿宁寺的委托，画一幅《九曜星君图》。他用心将图用笔勾好，人物栩栩如生，衣带飘飘，宛然仙姿，只剩下着色这最后一道工序。恰好此时有朋友请他去饮酒，他放下笔，将画仔细看了好一会，觉得还算满意，便对弟子们说："这幅画的线条我已全部画好，只剩下着色，你们须小心些，不要着错了颜色，我去朋友家有事，回来时，希望你们画好。"孙知微走后，弟子们围住画，反复观看老师用笔的技巧和总体构图的高妙，互相交流心得。有人说："你看那水曜星君的神态多么逼真，长髯飘洒，不怒而威。"还有的说："菩萨脚下的祥云环绕，真正的神姿仙态，让人肃然起敬。"其中有一个叫童仁益的弟子,平时专门卖弄小聪明,喜欢哗众取宠,只有他一个人装模作样地一言不发。有人问他:"你为什么不说话,莫非这幅画有什么缺欠?"童仁益故作高深地说:"水曜星君身边的童子神态很传神,只是他手中的水晶瓶好像少了点东西。"众弟子说:"没发现少什么呀。"童仁益说:"老师每次画瓶子,总要在瓶中画一枝鲜花,可这次却没有。也许是急于出门,来不及画好,我们还是画好了再着色吧。"童仁益说着,用心在瓶口画了一枝艳丽的红莲花。孙知微从朋友家回来,发现童子手中的瓶子生出一朵莲花,又气又笑地说:"这是谁干的蠢事,若仅仅是画蛇添足倒还罢了,这简直是弄巧成拙嘛。童子手中的瓶子,是水曜星君用来降服水怪的镇妖瓶,你们给添上莲花,把宝瓶变成了普通的花瓶,岂不成了天大的笑话。"说着,把画撕了个粉碎。众弟子看着童仁益,默默低头不语。(摘自网络)

第四章

"整"装待发

一 "整"字概说

1974年,身陷囹圄的文化名人夏衍,仿照清末民谣《剃头歌》写了一首《整人歌》:

> 闻道人须整,而今尽整人。
> 有人皆可整,不整不成人。
> 整自由他整,人还是我人。
> 试看整人者,人亦整其人。

诗中八个"整"字,字字蕴怒,句句不平,似乎还悄悄涵盖了些"互整"的幸灾乐祸。身陷囹圄却吟诗作乐,一个"整"字将作者的心境全盘托出,让读者也不能不为之感慨!

"整人"一词我们耳熟能详。早在1963年中国农村开展"四清运动"之时,毛泽东和刘少奇两位主席,就已经针对运动重点到底是"整当权派"还是"整地富反坏右"而进行过深入的探讨,所以此后也后续有类似的整人言行活跃于人民的口语之中,比如:"欠整啊你!""看我不整死你!""这人该咋整呢?"……虽然这些都是从"整人"中延伸开来,但也反映了"整"字正向我们日趋靠近并且越来越近。

"整"字本来是一个方言字,它的方言色彩非常浓郁,流行于东北地区(包括黑龙江省、吉林省、辽宁省大部分地区和内蒙古地区汉语方言中)。在东北几乎是无所不"整",在日常用语、口语交际、书面写作处处可见"整"的影子。除了"整"字的惯常用法,只要一件事找不到一个合适的动词,都可以用"整"。足以见得"整"字在东北语言中的霸主地位。

随着近一二十年赵本山小品的走红以及东北农村题材的电视剧《圣水湖畔》、《清凌凌的水蓝莹莹的天》、《女人的村庄》、《欢乐农家》、《别拿豆包不当干粮》、《刘老根》、《希望的田野》、《农家十二月》、《乡村爱情》、《东北一家人》等的热播,"整"字也随之走遍大江南北,走红全国各地,走向日常生活。如今,不管说话人的年龄、身份、地位、学历、职业、区域,在不同的话语环境中都会使用到它,它的很多意义以及有些方言词都被普通话吸收,从地地道道的方言词转身而为普通话中的一员。东北人的性格幽默豪爽、直率坦荡,东北人的"整"也透着那么一种幽默与莽撞。在被推广为普通话之后,"整"字一路"整装待发",继续向我们展示着它的霸主的风采。

二 说文解字

(一)字形

"整"字的金文字形

"整"字的甲骨文字形

"整"最早出现在金文中,《说文解字》对整的字形解释为:"整,齐也。从攴,从束,从正,正亦声。""攴"是敲打,"束"是约束,使之归于正,

所以"整"字属于会意兼形声字。"会意"是用两个或两个以上的独体字根据意义之间的关系合成一个字，综合表示这些构字成分合成的意义。用会意法造出的字是会意字。"形声字"是在象形字、指事字、会意字的基础上形成的，是由两个文或字复合成体，由表示意义范畴的意符（形旁）和表示声音类别的声符（声旁）组合而成。由此可见，"整"字原始字形中的"攴"、"束"、"正"合起来表达"整理"的意义，其中"正"还兼表"整"的语音。

（二）字义

《新华字典》中将"整"字分别记为形容词性和动词性，《现代汉语词典》（第六版）中也记录了包括方言在内的"整"的六个用法，其中前两个都是"整"的形容词义。但随着时代的发展和语言的不断应用，"整"字在使用的过程中除了保留原本形容词的语法意义外，也渐渐引申为带有致使义的动词，表示"使整齐"。如《诗·大雅·皇矣》中的"爰整其旅"就是"整顿、整理"的意思。到了近现代，"整"字更多倾向于动词的含义，再由"使整齐"义引申出"修理"和"使吃苦头"的动词义，并继续扩大，逐渐成为可以替代诸多表具体实义动词的"万能"动词。

总的来说，"整"字的动词义有以下四种：

（1）整理、整顿。如：整风，整装待发。唐白居易《琵琶行（并序）》："整顿衣裳起敛容。"《史记·张耳陈馀列传》："今范阳令宜整顿其士卒以守战者也。"

（2）修理。如：整修，整旧如新。《袁家山简介》："袁家山（袁可立别业）……解放后，党和政府曾几次整修，雄伟气势有增无减。"新华社2004年新闻稿："1983年以来，西安市人民政府对西安古城墙进行了大规模的整修。"

（3）使吃苦头。如：他被整得好苦！《中华上下五千年》："打胜仗是宦官的功劳，打败仗却轮到将领挨整。"1993年《人民日报》："待落实政策后我们见面时，他已被整得重病缠身，见此情景，我心里非常难过。"

（4）相当于弄、搞。如：绳子整断了；这东西我看见人整过，并不难。《金瓶梅》："到那日，也少不的要整两席齐整酒席……你与我料理料理。"汉张衡《思玄赋》："将答赋而不暇兮，爰整驾而亟行。"

"整"在实际运用中同"万能"动词"搞"和"弄"同义，在各种不同的临时语境中会产生不同的语境义。所以很难将"整"字的各种意义一一罗列，只有在实际的运用中我们才能发现"整"的神奇特色。

三 "万能"用法

"整"与其他万能动词性质相似，都能在极大的范围内使用，用处广泛，用法丰富，可以替代数量众多的实义动词，也有很强的带宾语和补语的能力。"整"字本身可以带数量众多的宾语，其本身的意义会随着宾语的变化而发生变化，即使带相同宾语也会在具体语境中呈现不同面貌。而"整"的用法更多体现于它可以和任何结果补语连用，在带补语时"整"的适应性表现得更为明显。

（一）"整"字构词

现代汉语中，动词"整"的"万能"首先体现在构词能力上，它与其他语素组合形成了一系列词语，举例如下：

挨整：受整治，吃苦头。

那时，很多人都因为同你们的伯伯有关而挨整。所以，我就不能见什么人，也不能见同宇和士琴。（《伯母给我们讲"伍豪事件"真相》）

整备：指军事力量的整顿配备。

时秋七月晦日，兵家忌晦，故胡子髡、沈子逞及陈夏啮，俱不做整备；及闻吴兵到，开营击之。（明·冯梦龙《东周列国志》第七十三回）

整编：整顿改编军队；组织整理编辑。

5月16日,周恩来在中央军委参谋会议上讲话,就军队的整编问题提出意见,指出整编的原则是使解放军在现有的基础上提高,在近代化条件下发展。(《周恩来传》)

整饬:整顿使有条理。

应该说,这次搜查是意大利决心整饬足球秩序的一个重要行动,也给意大利足坛敲响了警钟。(新华社2004年新闻稿)

整党:整顿党的组织。

我们要提醒人们,尤其是共产党员们,不能这样做。不是在整党吗?应该首先把这些不正之风整一整。(《邓小平文选·第三卷》)

整地:耕翻平整土地,为播种做准备。

第20个全民义务植树日。一清早,北京城乡军民便纷纷走出家门,整地挖坑,提桶浇水,植树护林,种草种花,义务为京城播撒一片新绿。(新华社2004年新闻稿)

整队:整理队形,形成行;排成一行。如:整好队开走了。

今天学习的内容是整队,我发觉小朋友们对哨子的敏感度不高,每当我吹哨子的时候,孩子注意力都不够集中,所以,在这节课当中,为了让孩子的注意力放在哨音上,我采用了游戏的方法来集中学生的注意力。(吴琳《整队》)

整顿:使紊乱变整齐;使不健全的健全起来。

今范阳令宜整顿其士卒以守战者也。(《史记·张耳陈馀列传》)

整风:整顿思想、工作等的作风。

种种迹象表明,在3:6惨败于四川队脚下,第一次说教式整风没有实质性成果后,本赛季已经丢掉了30个球、失球数列中超各守门员之首的主力门将刘建生已成了辽足向赌球"开刀"的第一个牺牲品。(《辽宁足球队对赌球"毒瘤"痛下杀手》)

整改:整顿并改革。

十一是整改工作搞得好。民主办社,遇事和大家商量,走群众路线。(谢觉哉《观花小记》)

整流:使交变电流形成单向电流。

微波发射天线向地球进行微波输电。地面接收天线把收到的微波经过整流后,送往各地的电力网,为广大用户供电。(《中国儿童百科全书》)

整人:批判、斗争、处理人。

要把心思放在工作上,不应该放在怎么整人上。

整容:修饰容貌,特指为面部有缺陷的人施行手术,使美观。

对此,专家也指出,如果女性仅仅为了迎合男人口味而去整容,那无疑不是现代人的价值观,而是一种倒退,恰恰需要批判。(新华社2004年新闻稿)

整饰:修整装饰。

初鸾卒,姑归宁赴哀。将至,止于传舍,整饰从者而后入。晔心非之。(《后汉书·桓晔传》)

整肃:整顿、清理、肃清。

即时传下将令,整肃三军,训练已定。(明·施耐庵《水浒传》七十七回)

整修:整治修理。

袁家山(袁可立别业)……解放后,党和政府曾几次整修,雄伟气势有增无减。(1983年《袁家山简介》)

整军经武:整顿军队,经营武备。

见可而进,知难而退,军之善政也;兼弱攻昧,武之善经也。子姑整军而经武乎!(《左传·宣公十二年》)

重整旗鼓:比喻失败之后,整顿力量,准备再干。

趣数汉语「万能」动词

至清室已覆,袁为总统,他自然重整旗鼓,又复上台。(蔡东藩、许廑父《民国通俗演义》第四十八回)

整甲缮兵:整顿甲胄,修理兵器,作好战备。

斥候之郊,非耕牧之所;转战之地,非耕桑之邑。[故坚壁清野,以俟其来,整甲缮兵,以乘其敝。]虽时有古今,保民全境,不出此途。(《宋书·何承天传》)[因此坚固城墙,转移物资,以等待敌人的到来,整顿甲胄,修理兵器,等待敌人疲惫时(袭击)]

整衣敛容:整理衣裳,端正仪容。

提刑王某之弟妇得疾,为物冯焉,斥王君姓名,呼骂不绝口……良久,整衣敛容如平时。(宋·洪迈《夷坚丁志·孙士道》)

瓜田不纳履,李下不整冠:走过瓜田,不要弯下身子提鞋;经过李树下面,不要举起手来整理帽子。比喻规避嫌疑。

深感将军好意,争奈瓜田不纳履,李下不整冠,相公男子,妾身女人,虽则结为义父,难免外人议论。(明·陆采《明珠记·抄没》)

(二)"整"字入句

"整"字也可以与其他具体词语组合,进入句子。

第一,"整"字带宾语时,具有典型的动作动词用法。单独使用,在意义上并不表示具体的动作过程,而是表示动态趋势,结构意义更趋向于动作完成之后的结果。

a.这片庄稼地让他整得挺好。
b.今儿他是来整那大风刮歪了的黄瓜豆角架子的。
c.一个下午,他就将这间乱七八糟的屋子整得干净清爽。

在这三个例子中,"整"字表示的都是一系列的动作。a句中的"整庄稼地"并没有具体描绘出他利用了什么工具,花了多长时间,如何整好了这块地,呈现给我们的就是他整理之后庄稼地的肥沃、多产的面貌。b 句中的"整"也没有交代他会如何收拾被风刮歪了的黄瓜豆角架子,伴随着这个"整"可以有一系列的动作:扶正秧苗、摆好果实、重新做支撑的架子、清理干净吹坏的叶子、摘掉成熟的黄瓜豆角等等,这些都没有出现在句中,但又在"整"这个动词包括的范围之内。c 句中"整"也是一样,句中并没有出现动作过程,但我们都知道动作的结果是使"乱七八糟"的屋子变得"干净清爽",至于通过什么样的具体动作达到这一结果却没有表述。

第二,放在具体的上下文语境中,"整"的具体意义就会随语境的变化而变化。

如:整鸡

a. 整鸡不用这么复杂,照河南桶子鸡的做法,只在翅膀下开一个小口。

b. 哪有人像你这样整鸡的,会把鸡整死的!

c. 你去菜市场,顺便整一只鸡回来。

d. 晚上整一只鸡吧,好久都没开过荤腥了。

以上四个例句中,"整鸡"所表达的具体含义并不相同。a 句中的"整"是"切鸡、烹饪鸡之前做的准备工作";b 句中的"整"有"玩、折腾"的意思;c 句中的"整"是"买"的意思;d 句中的"整"可以理解为"吃"。

第三,"整"字口语性极强,所以"整"的"万能"用法还体现在"整"在对话中的广泛使用,而且在各种临时性的语境中可以替代众多动词。

(1)做、弄:我都饿了,你快去整饭吧。

(2)管束、惩治:这人故意捣乱,专门拆台,非好好整一整,煞煞这股歪风邪气不可!

(3)欺压、暗算、陷害:他被整惨了。

(4)制造:这种紧张空气就是他一手整的。

(5)整顿、整理:抽屉里的东西那样乱,怎么不好好整一下呢?

(6)修理:不大一会儿,他就把收录机整好了。

(7)打扫:地这么脏,快去整整。

(8)砍、割:整柴火,编花篓,是他干的活儿。

(9)拿、抱、扛、背、挑:要下雨了,快把那些高粱整到屋来。

(10)担当、担任:无论多难的工作,他都敢整。

(11)召集、组织:老于真有尿儿(能耐),不大一会儿就整来一帮人。

(12)打架、吵嚷:他俩又整起来了。

(13)耍手段:别整景儿了,你那花花肠子我早就看透了。

(14)击毙、捕猎:再一枪,又整倒一个鬼子。

(15)揭、凿、开:快把那个瓶盖儿整开。

(16)采购、置备:赵老师的儿子结婚整了二十多桌酒席。

(17)办、办理:你得整有把握的事儿,不能叫他骗了。

(18)写、修改:那篇文章我都写了十来天了,还没整出来呢。

(19)管理:这片庄稼叫他整得多带劲呀!

(20)学:只要你整好功课,我就放心了。

(21)玩儿:小孩爱整沙土。

(22)怎么办:老根没了主意,说:"那咋整,要不,你再干两天儿?"

(23)说、讲:咱就一会整几句那个祝酒词儿。

(24)抽烟:对付抽吧,来整一根。

(25)熬、挺:四虎这一家,啥事春喜都能给整过去。

(26)卖:一个破香炉子,整一百来万。

(27)带到:杏儿,你妈把你整北京来,就是为了让你上学。

(28)表演:给你们翠姐整个节目,整个拿手的。

(29)捉弄:包括这帮兄弟们,整我。

四 "整"字趣闻

1.《暴风骤雨》中的"整"字

《暴风骤雨》是现代作家周立波
1948年完成的长篇小说。这是一部革
命文学的经典作品,反映了解放战争时
期东北地区的土地革命运动,生动地描
写了广大农民在党的领导下,与封建地
主阶级及反革命武装进行了极其尖锐
复杂的斗争。在这篇小说中,周立波先
生运用了大量的东北方言词语,其中最
具特色的是动词"整"。据统计,作品中
有关"整"的句子多达50余处,所以外
地人要领略北方方言中"整"的含义,可
以把《暴风骤雨》拿来读一读。下面,我
们就来欣赏这篇小说中的一些与"整"

《暴风骤雨》书影

有关的句子,读者朋友们可以自己体会"整"的韵味。

(1)废除几千年来的封建制度,要一场暴风骤雨。这不是一件平平
常常的事情。害怕群众起来整乱套,群众还没动,就给他们先画上个圈
子,叫他们只能在这圈子里走,那是不行的。

(2)他的园子地,拾掇得溜净,一根杂草也不生。今儿他是来整那
大风刮歪了的黄瓜豆角架子的。他们从地边割了一些靰鞡草,到了园子
里,小王一面帮他用靰鞡草绑架子,一面闲唠嗑。

(3)韩老六拉大排的时候,硬说他捡回一棵康八枪,派人来抄他的
家,把他捡的洋捞都搬走,光留了一件他改短了、又用泥浆涂黑了的军大
氅。因为这宗事,刘德山对韩老六是怨恨,可是他不说,他怕整出乱子来

没有人顶。

（4）"八路军共产党不兴骂人打人的呀，小同志，"韩老六心里得意了，他想，"这下可整下他来了。"

（5）"要我自己说：今儿屯邻们说的一些事，都不怨我，都是我兄弟老七他整的。我要是有过，我知过必改。"

（6）"蹽到大青顶子去了，诸位屯邻要是能把他整回来，给我家也除了大害，该打该崩，该蹲风眼，该送县大狱，都随众人，韩老六我还感谢不尽呢。"

（7）白胡子走到萧队长跟前，拱一拱手："他献了地，又答应拿出牲口衣裳来，也算是难为他了。放他回去，交给咱们老百姓，要再有不是，再来整他，也不犯难，队长你说行不行？"

（8）白天，郭全海下地，小王也跟他下地，郭全海去侍弄园子，小王也跟他去侍弄园子。他也帮忙铡秫草，切豆饼，喂猪食，整渣子。

（9）郭全海的爹被韩老六整死的这年，才过正月节，他给撵出韩家大院去。

（10）"要不遇到萧队长，给反动派早整完了。"郭全海一边走着，一边寻思，更恨地主反动派，斗争的决心更坚定。

（11）往后，他到了南岭子，提着斧头，整了些木头，割了些洋草，又脱了些土坯，就在一座松木林子里，搭起一个小窝棚。

（12）冬天药野鸡，整沙鸡。运气好，整到一只狍子，皮子能铺盖，肉能吃半拉月。

（13）"小王同志，你看怎么整法？"李大个子皱着眉毛问。"大伙总还不齐心。"

（14）农民在屋里院外，干些零活，整些副业：抹墙扒炕，采山丁子，割靰鞡草，修苞米楼子，准备秋收。

（15）赵玉林告诉郭全海，"叫她们说，韩老六上哪儿去了？不说只管揍，整出事来我承当。我上西屋去找去。"

2."整"字的误会

宿舍里的同志们来自五湖四海,措辞时就免不了鸡同鸭讲。

一日,某东北男生和一甘肃男生去买便当面,东北男自言自语道:"整个啥味的呢?葱喷喷香牛肉的吧!"一旁甘肃男好奇地问:"什么叫'整'啊?"东北男答:"吃呗,就是吃的意思。"黄昏,我们三人去卫生间,下水道堵了,导致里面污水横流。东北男一看,大怒:"这可咋整啊?!"话音未落,一旁的甘肃男面如土色,干呕不止……

又有一次,一群人一起吃饭,席间有一个南方朋友。锅包肉上来了,朋友故意模仿东北话:这是啥呀?有人告诉她:锅包肉。朋友接下来一句:这个咋整啊?一群人石化……然后有人小心翼翼告诉她:用嘴整。

(摘自网络)

第五章

"搞"定一切

一　"搞"字概说

有这么一个笑话,有一位老教授在给学生讲英译汉的应试技巧时说,如果你遇到了不认识的动词,那么这个动词一律都可以用"搞"字代替,他给学生讲了一段《武松打虎》:

武松来到一个酒店,叫了一壶酒,又要了一盘子牛肉。武松吃完后,就上山去了。结果遇见了一个老虎。老虎就咬了武松一下,武松也打了猛虎一下,老虎又咬了武松一下,武松又打了猛虎一下。最后,武松骑在老虎身上,三拳两脚,将老虎打死,然后一路走下山去。

然后又用"搞"字重讲了一遍:

武松来到一个酒店,搞了一壶酒,又搞了一盘子牛肉。武松搞完后,就上山去了。结果遇见了一个老虎。老虎就搞了武松一下,武松也搞了猛虎一下,老虎又搞了武松一下,武松又搞了猛虎一下。最后,武松搞在老虎身上,三搞两搞,将老虎搞死,然后一路搞下山去。

在这段故事中，共有十一个动词，都用"搞"字替换之后，语义上的理解并没有出现问题。这当然只是一个笑话，但是从这个故事中我们也可以看出，"搞"字可以替换众多的实义动词，并且不会在理解上造成障碍。

"搞"字在所有的"万能"动词中最富传奇色彩。它产生较早，却一直是被当做其他动词的"替身"，待到人们对它有了真正的认识，却已是在数千年以后；刚刚迎来它的繁盛，却又遭到了许多作家的"封杀"。然而无论人们是对其冷眼相看，还是捧若至宝，"搞"字都沿着它自己的轨迹，坚定地向我们走来。

动词"搞"是现代汉语口语和书面语中运用相当广泛的一个词，它使用范围广、出现频率高、词义义项丰富、替代性强、生命力旺盛，是当之无愧的"万能动词"！"搞"字在现代汉语使用频率最高的前8000词中居325位，在生活口语前4000个高频词表中居374位。

"搞"原属方言词汇，来源于西南官话，本字是"搅"，后来经过大量作家的运用，才逐渐进入汉语共同语，成为普通话中的一员。（"搞"字的方言用法在"方言动词大杂烩"一章中有专节讨论，本章中暂不涉及。）关于"搞"字，有几种版本的说法：有的人认为"搞"字是夏衍在抗战时期临时创造的词，有的人认为是叶圣陶在20世纪20年代新造的词，有的人认为"搞"字其实是"搅"字的吴语方言，还有的人认为"搞"是"敲"的异体字。

其实"搞"字比较古老，根据古今辞书的记载，"搞"字字形古已有之，但是词义和现在的并不相同，而且也很少出现在古代典籍中。《汉语大字典》、《康熙字典》、《中华大字典》、《中文大辞典》等中都有收录"搞"字，都将它注释为"搞，同敲，同靠"。

"搞"字又十分年轻，因为具有现代音义的"搞"字出现于20世纪20年代，最早的使用者是叶圣陶。他在小说《倪焕之》中共使用"搞"字19次。在此之前，清代光绪己亥（1899年）年间刻印的小说集《跻春台》中也出现了"搞"字，但这是一本方言册子，其中使用的都是方言俗语。其

他的作家作品中均未看见"搞"的身影。上世纪三四十年代以后的作品中,"搞"字就开始逐渐频繁地被各个作家使用,不断出现于各部作品中。

所以可以说,"搞"字字形虽然出现较早,但是音义都与现在不同。它的现代音义的使用历史还很短。"搞"字的发展大致经历了以下五个阶段:

(一)原始阶段

"搞"字字形古已有之,西汉《过秦论》、明代《金瓶梅》、清代《醒世姻缘传》中都使用过"搞"字,只不过这些"搞"字的音、义、用法都与现代汉语中"搞"字相差甚大。

《过秦论》中有这样一句话:"执搞扑以鞭笞天下。"这其中的"搞"字让我们知晓了它其实与"敲"字有着亲密的关系。《康熙字典》中的"搞"字,实际上并非现在我们使用的搞字,而是"敲"字的另一种写法。它和现在的"搞"字其音与义都不相同。其后在《中华大字典》、台湾出版的《中文大辞典》所收的"搞"字,大体上也都和《康熙字典》相似。所以我们可以看出,"搞"字虽然产生较早,但在"搞"字使用初期,与我们现在所使用的"搞"并不相同。

丁声树先生在《古今字音对照手册》中收录了"搞"字,并加括号注为"搅"。李荣《音韵存稿》中也曾经指出:"'搞'、'搅'这两个字字音不同,意思也不一样,在北京话内部是两个不同的词,来源却是一个,就是《广韵》的'搅'字。"

由此我们可以看出,具有现代汉语音、义的"搞"字是和"搅"字同源,"搞"字除了表"搅"义外,还由带有贬义的"乱弄"义引申出了更多新义。

(二)初露头角

作为现代音义的"搞"字首先出现在清代光绪己亥(1899年)年间

刻印的小说集《跻春台》中。其中已有了这样的例子:"门和窗格都搞去卖了"、"搞的满地是酒"、"胆子越搞越大"等等,这里的"搞"基本上与现代的动词"搞"字相差不大。但是这只是一部方言小说集,所用的语言基本上都是四川本地的方言俗语,而不是共同语。与之差不多同一时期的作品如《官场现形记》、《二十年目睹之怪现状》、《孽海花》、《老残游记》等作品中并没有出现动词"搞"字。不过,这至少也说明"搞"字原本是一个方言词汇。

(三)偶见时期

20世纪20年代末期,动词"搞"逐渐出现于一些作家的作品中,但仅仅在少数作家的少数作品中偶尔露脸。1928年叶圣陶的小说《倪焕之》中首次出现了以现代汉语音义用法的"搞"字19例,其后1929年老舍的《二马》中出现了一例,沈从文的《灯》中出现了一例,30年代巴金的《家》中也出现了一例。与之同时期的《子夜》、《骆驼祥子》、《鲁迅全集》等都没有出现"搞"字。所以即使在叶圣陶的小说《倪焕之》中出现了较多的"搞",也是受到方言的影响,并不具有代表性。在这一时期,"搞"字只是偶然现象。

英文版《骆驼祥子》

(四)崭露锋芒

在20世纪40年代,"搞"字出现的频率不断增加,呈现出迅猛增长的态势。使用"搞"字的作家也逐渐增多,出现的次数也有所增加。比如老舍的《四世同堂》中出现了16例,沙汀的《在奇香居茶馆里》出现了6例,路翎的《财主的儿女们》出现了1例,钱钟书的《围城》出现了1例,

丁玲的《太阳照在桑干河上》出现了28例,周立波的《暴风骤雨》出现了6例。这一时期"搞"字使用频率的增长与当时文化的发展、社会变化有着密切的联系。首先,"搞"字的使用跟四川方言有关,叶圣陶虽然不是四川本地的人,但是他在四川生活工作过,对四川本地的方言相当了解,所以他最早将"搞"字运用于文学作品创作中,并进一步确定了"搞"字的现代音义。三四十年代经过其他一批作家尤其是和他一样熟悉四川方言的作家广泛推广,"搞"字的使用频率不断提高,以惊人的速度不断向全国发展。到40年代末期,"搞"字就被普通话吸收进入共同语中,它的"万能"地位也就由此开始确立。其次,由于20世纪40年代正是中国的抗战时期,全国的社会政治中心转移到了重庆,重庆话属于西南官话,很自然这一时期的著作或多或少都受到了当地语言习惯的影响。但是从整体上来看,这一时期"搞"字虽锋芒尽展,但是并没有呈现迅猛增长之势,而且分布不均衡,多集中于少数方言区的作家笔下。

(五)遍地开花

从20世纪50年代至今,"搞"字迎来了它的辉煌。不仅出现的次数有量的突破,使用它的作家也是越来越多,甚至其中的有些义项也被普通话吸收,并逐渐成为颇具特色的动词"大哥大"。比如在《毛泽东选集》第五卷中除了开头几篇外,剩下的几乎每篇都使用"搞"字;《邓小平文选》中使用"搞"的频率更高,第三卷中"搞"字就出现了1294次;路遥百万字的长篇巨制《平凡的世界》中就出现了261次,足以看出"搞"字使用频率之高。

二 说文解字

"搞"是一个既年轻又古老的文字,它从产生之初到发展为现代汉语高频率字,其间字音和字形相差不多,但是意义发生了很大的变化。

"搞"字进入普通话后,便呈现出使用范围逐渐扩大、使用频率逐渐提高、词义义项逐渐增加的趋势。"搞"字用法灵活,意义丰富,具有超强的组合能力,可以替代许多表具体动作的动词。

"搞"字的大篆字形

《汉语大字典》(1996 年)释"搞"为①做;弄;干。②设法获得。《现代汉语词典》(1999 年)释"搞"为:①做;干;从事。②设法获得;弄。③整治人,使吃苦头。《现代汉语词典》(2012 年)对动词"搞"的词义有这样几种解释:①做;干;从事:~生产|~工作|~建设。②设法获得;弄:~点儿水来|~材料。但是在实际运用中,"搞"的用处远远不止以上几个。总的来说,"搞"的用法主要有以下几种:

(1)搅、乱弄。如:乱搞。《人民日报》:"具有讽刺意味的是,孩子长大后,也和父亲一样,到处乱搞,并以得到白人女孩子为骄傲。"新华社 2004 年新闻稿:"埃里克松对媒体说:"我的生活被搞得一团糟。整个事件就像一场无聊的肥皂剧,出现这种事情让人感到非常遗憾。"

(2)弄、做、干、办。如:搞生产,搞工作,搞建设。《周恩来传》:"'搞生产必须注意算帐','要搞综合平衡'。"《中国儿童百科全书》:"社会主义企业搞生产经营是为人民服务,同样要树立盈利观念。"

(3)开展、进行、实行。如:搞改革,搞突击,搞宣传。《邓小平文选·第三卷》:"我们的经济体制改革,也是有领导有秩序地进行,不能搞无政府主义。"新华社 2004 年新闻稿:"虽然都是在最后一刻决定参赛,但北京现代队和他们'搞革命、闹罢赛'的盟友大连实德队的境遇却是一个天上、一个地下。"

(4)制作、制造、建立、制定。如:搞方案,搞关系,搞气氛。《老舍之死》:"我们很多人觉着,老舍先生那么幽默,那么外场,那么会跟人搞关系,八面玲珑;甚至,还有人说,老舍先生很世故。"1994 年《人民日报》:"如果宏观调控搞得好一些,问题就会少一些,解决起来,难度也就小一些。"

(5)设法获得。如:搞材料,搞水喝。《龙翎》:"荆原的到来,他先是

视之为洪水猛兽,继而又用特务手段搞材料,还一度为自己暂时的成功而洋洋自得。"欧阳山《三家巷》:"你少管些闲事吧! 人家爱吃什么米,跟你有什么相干? 你先搞点吃的回来,把孩子肚子塞饱了再说!"

(6) 玩弄、耍弄、发生性关系。1993 年《人民日报》:"'科技兴市'战略中,扎扎实实地做好知识分子工作,不图形式,不搞花样,注重发挥他们的作用。"1995 年《人民日报》:"增加投入,在数字上搞花样容易,真落到实处可就难了。"

(7) 整治、暗算。如:搞活。《廖初江的政治沉浮》:"廖初江踌躇满志,志得意扬,他哪里知道此刻林彪一伙正在大搞阴谋诡计,甚至在庐山公开发难呢! 这也就难怪他后来怎么也'想不通'了。"新华社 2004 年新闻稿:"'少取',就是要少向农民收取税费。'放活',就是要搞活市场促增收。"

(8) 使达到。如:搞肥了,搞胖了,搞坏了,搞上去。《报刊精选(1994)》:"这情形有点像套种,几种作物都种在同一块土地上,只要把土地搞肥了,各种作物都受益。"新华社 2004 年新闻稿:"发展中国家只有抓住机遇把本国经济搞上去,才能更为积极地融于世界经济之中。"

三 "万能"用法

(一)"搞"字构词

"搞"字构词能力强,可以组成许多词语,以这个动词的词义为主要意思。

搞掂:搞定。原为粤语,传入北方话地区后多说搞定。

那年 6 月,他的公司急需巨额贷款进行投资,他决定"花花大力气"搞掂王晓锋。

搞定:把事情办妥;把问题解决好。

没有什么方法能永远行得通,人不可能每次都一下搞定。有时你必须遭受失败,有时你必须作出改变———人生就是如此。(姚明《我的世界我的梦》)

　　搞怪:做出怪样来逗乐儿。

　　马尔福独自在街上急急忙忙的走。经过韦斯莱搞怪商店的时候,他侧头瞥了一眼。眨眼功夫,他就从视野里消失了。(J·K·罗琳《哈利·波特六》)

　　搞鬼:暗中使用诡计或做手脚。

　　赵鞅来到后宫,七转八转,不见公主,自言自语地说:“主公和我搞什么鬼?”(《三晋春秋》)

《哈利波特六》剧照

　　搞笑:制造笑料,逗人发笑;滑稽可笑。

　　多数人很爱他,一些人不喜欢他,但没人真的恨他。他很搞笑,玩世不恭的样子,让人难以恨他。(姚明《我的世界我的梦》)

　　搞好:通过友好的献殷勤及礼物使顺从、使乐于助人;使软化。

　　如果为自己的国家打算,不如干脆把河间王城之地献给秦国,与秦国搞好关系。这样,我们就可以共同对付燕国。(《中国儿童百科全书》)

　　搞活:采取措施或行动使事物具有活力。

　　特别是在党的十一届三中全会以后,在对外开放、对内搞活的思想指导下,对工业进行了调整和改革。(《中国儿童百科全书》)

　　搞垮:使失败或毁坏;严重伤害。

　　儿媳担心婆婆的身体会搞垮,临出差前特意为她炖了一锅鸡。

趣数汉语「万能」动词

（《1994年报刊精选》）

搞乱：使交织或混杂得难于分开。

周恩来编制的第二个五年计划的建议被"大跃进"搞乱了，"建议"提出的指标在实际工作中已经起不了约束的作用。（《周恩来传》）

搞平衡：使相反的力量均匀分布而产生平衡。

光吃不干不行，光干不吃也不行，要搞平衡。矛盾永远存在，人就要不停地搞平衡。（权延赤《红墙内外》）

搞小动作：不是用光明磊落的态度对人，而是暗地里进行一些对别人不利的活动。

后来看得多了，我又觉得这其实也挺好玩的。我一直都认为不搞小动作、做事本分的人比较难得，尤其是在演艺圈。但是这么纯粹的人太少。（《中国北漂艺人生存实录》）

搞脏：踏来踏去地弄脏或乱扔东西；弄脏；弄得凌乱、不整洁或狼藉不堪。

进走廊摸黑寻路时，在一处拐弯提前拐了，一头撞在墙上，脸都搞脏了。（王朔《过把瘾就死》）

搞糟：由于犯错误或蹩脚的判断而弄糟。

干是可以干的，可是要有头脑，要眼疾手快，免得一下子就搞糟了。（《母亲》）

搞两面派：所搞的种种行动与公开的面目是不兼容的或者是相抵触的；有时它表示吃里爬外的背叛行为。

美对华军事策略大搞两面派。（《纽约时报》）

搞法：处理事务的方式方法。

你这样搞法会把事情办砸的。

(二)"搞"字入句

1."搞"字能同许多词语相搭配,表现在句法功能上,"最显著的特点就是几乎能带任何一类实词或任何一种类型的词组作宾语"。

"搞"字可以带名词性宾语:

"你看,我这两个卫士搞对象,搞来搞去都搞吹了。"毛泽东指指田云玉和封耀松。(权延赤《红墙内外》)

我们那会儿也搞那些竞赛什么的,数学什么的。(《1982 年北京话调查资料》)

最后到了北京,最后就慢慢的就,一直就搞这个行业,一直搞这个行业后来就慢慢赚钱。(《1982 年北京话调查资料》)

十八岁就结婚,在这儿结婚以后就是搞家务,搞家务,后来看孩子。(《1982 年北京话调查资料》)

"搞"字可以带偏正词组:

我就是搞业余工作,业余京剧工作,音乐上会一点儿这个。(《1982 年北京话调查资料》)

在这种情况下搞武装斗争谈何容易。(《中共十大元帅》)

在学会游泳之后,又大搞水上练兵,很快形成了水上战斗力。(《中共十大元帅》)

退休以后一直的搞街道工作。(《1982 年北京话调查资料》)

陆洪武不解地问:"谁背后搞你名堂?"(刘震云《官场》)

"搞"字可以带动词:

就他们本街上的人,外面来的也没怎么。常常有外国人来参观,不搞内交。(《1982 年北京话调查资料》)

张国焘逼朱德反对毛泽东,朱德警告说,党是一个整体,不能搞分裂。(《中共十大元帅》)

文化宫呢?我想办文化宫没有关系,因为这和共同纲领并不抵触,搞搞学习,交流经验是好事体,对同业也有帮助,只要不做非法活动就是了。(周而复《上海的早晨》)

"搞"可以带数量词:

所谓成果管理,有些单位是为了立档或奖励费而搞一下鉴定或评议了事。(《技术贸易实务》)

已经搞了八年,取得了初步效果,但是路还很长,要坚定不移地搞下去。中国在本世纪末摆脱贫困状态,达到小康水平,是可以实现的。(《邓小平文选·第三卷》)

"搞"可以带主谓词组:

以路线斗争为纲,充分发动群众大搞养路机械化。(《中国铁路》)

"搞"可以带的字结构:

扩大水泥能力不行,那就只好干别的;没钱搞大的,就先搞小的;一业为主,多种经营,这是朝阳水泥厂在积极探索后得出的结论。(《1994 年报刊精选》)

东北三省也包括乡镇企业,存在一个很大问题,就是习惯于搞大的、搞重的,搞精、搞细了没本事。(《1994 年报刊精选》)

老实说,酒这玩意,不是凭十年八年就能搞好的,既然生产了总得卖。(《1994 年报刊精选》)

2.“搞”字还可以带各种成分的补语,表示动作的趋向或结果,其中在动趋式和动结式后还可以带宾语。

有位日本朋友提了两点建议。第一点,先把交通、通讯搞起来,这是经济发展的起点。第二点,实行高收入高消费的政策。(《邓小平文选·第三卷》)

金杯在资金有限的情况下,把主机搞上来了,很不容易。(《1994 年报刊精选》)

如果不搞这个斗争,四个现代化建设,对外开放和对内搞活经济的政策,就要失败。(《邓小平文选·第二卷》)

这把有些人倒搞肥了啊!(《语言学论文》)

有问题你就要认错,你要说这不是事实,那对不起,咱们非把这件事搞到底不可。在是非原则上,一定要分清。(《新华社 2004 年新闻稿》)

策划“9·11”事件是在极其秘密状态下完成的,中情局的特工要搞到如此绝密的情报非常困难,这是美国情报机构的软肋。(《新华社 2004 年新闻稿》)

连“公司”的稿纸、信封都准备好了,下面就是变着法儿把那批兽药搞到手。(《1994 年报刊精选》)

3.“搞”字在实际运用中可以替代许多表实际意义的动词。

从事:搞四个现代化
担任:搞总务

趣数汉语「万能」动词

完成:这件事搞了吗

陷:拖拉机搞在沟里了

吹:灰搞到眼睛里了

卡:纸搞在打印机里了

写:搞二千字就行

超过:技术上她怎么搞得过我

主持:工会的工作由他来搞

理解:他想了半天,也没搞通其中的奥妙

赚:一个早上就搞了百十来块钱

评选:每个单位搞五名先进生产者

发展:搞几个积极分子入党

了解:搞清楚问题

落实:他很快就把事情搞定了

对付:这个人真难搞

确定:搞定了价格

提:规格搞高了

联系:他为搞这些原料,四处奔走,饭也顾不上吃

提倡:不要搞一言堂

宣传:搞无政府主义

实行:搞改革

安排:搞一些人突击一下

行动:你又搞迟了一步

策划:搞动乱

进行:搞联欢

组织:搞不利于团结的小圈子

开展:搞运动

采用:我们不想搞那一套方案

处理:她很会搞关系制定:搞了一个方案

制订:搞个规章制度

建设:搞好军队

勾搭:她又和那人搞上了

制造:搞原子弹

树立:搞点典型

创建:老张自己搞了个研究所

找:搞对象

设法得到:搞个队长当当

买:搞一台电视机

玩弄:他搞过那女孩

耍弄:这家伙又在搞鬼

捉弄:把他搞得够呛

像这样的例子不胜枚举,"搞"字在实际运用中可以以一当十,化繁为简。正是由于"搞"字可以替代众多实义动词,所以它已不再单纯表示一个动作,而是一系列的动词。那么在平时的交际中,"搞"字的意义就呈现出多样化,需要根据具体的语境来理解判断。例如:

(1)我花了一个上午,才搞了两份图纸!

a.下午就要开会了,我花了一个上午,才搞(借)了两份图纸!

b.这个工程的结构好难啊,我花了一个上午,才搞(绘制)了两份图纸!

c.大家都不肯卖,我花了一个上午,才搞(买)了两份图纸!

d.我花了一个上午,才搞(偷)了两份图纸!要是让他们公司的样品先进入市场,我们可就亏大了!

(2)搞点盐。

a.这汤太淡了,一点味道都没有,我去搞(拿)点盐。

b. 烧水把鸡退毛宰杀干净,搞(抹)点盐,白切鸡,美味非常。

c. 以前吃饭没啥讲究,就搞(洒)点盐啊一顿炒了。

d. 刘震撼坐在火堆前心里一阵感慨,明天不管怎么说,先要搞(弄)点盐回来,再弄个简陋点的房子,没吃盐,让他感觉整个人都有点头重脚轻,昏昏沉沉。

(3)搞只鸡。

a. 下午刚刚拿到薪水,今晚去搞(买)只鸡回来,好好犒劳自己一下。

b. 今天上山到以前抓过的地方引叫竹鸡,结果没有反应。下山路上想再引叫一下不然不甘心,结果山顶果然有鸡,折返山上,十分钟搞(逮)到一只鸡。

c. 几个地痞蹲在地上商议晚上偷东西吃,一个头目说:"别弄狗,去搞(偷)只鸡回来。"

d. 这个礼拜天回老家,顺便搞(拿)只老母鸡。

四 "搞"字趣闻

1. "搞"字遭"封杀"

20世纪40年代末50年代初期,"搞"字由方言词被吸收进入全民通用词,在这一时期,"搞"字的使用频率不断增加,词义范围不断扩大,发展速度令人惊奇,上至中央文件,党报社论,领袖著作,下至街头书报,影剧曲艺,不管是书面还是口头,使用都极为普遍。以至于在50年代中期,语言学界曾一度发出了"限制'搞'的使用"的惊呼。作家老舍曾在其《老舍文集》中反对"搞"字的滥用,他说:"现在在什么地方都用'搞'字,连吃饭都说'搞'点饭吃。这样用语言是不行的。这是一种词汇贫乏的表现。"然而,虽然老舍限制"搞"的呼吁得到了部分作家的支持,但是,50年代以后,"搞"字的使用频率和范围不仅没有因为受到限制而缩小,反而以雷霆万钧之势迅猛发展。这一时期,"搞"字已经具有全民常用性。(摘自网络)

2."搞"的贬义倾向

"搞"字义项众多,可与之搭配的语素也非常多,而在这其中,以带贬义色彩的居多。《说文解字》中释"搞"字的基本义为:"乱也",后引申出"搅扰、混合、整合、垮掉、混乱、做手脚、伤害、毁坏、发生不正当男女关系"等带贬义色彩的用法,并常常与带贬义色彩的宾语和补语构成"搞"字结构,表示贬义或不好的

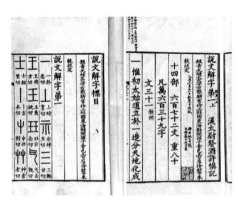

《说文解字》书影

结果。述宾结构往往是比较固定的说法,比如:搞这锅混水、搞不来、搞破鞋、搞乱了、乱搞男女关系、搞破坏、搞什么鬼名堂、搞花样、搞鬼、搞阴谋、搞诡计、搞丢、搞错、搞僵、搞臭、搞坏、搞翻、搞得那么潦倒、乱搞、瞎搞、胡搞等等。

3."搞客"

"搞客"是继博客和播客后的又一新兴事物,是网络上进行贴图、读小说、看视频、聊家常等娱乐活动的一个平台。如:

(1)搞客中国信息技术有限公司。
(2)搞客的宗旨是,天天有的搞,天天搞的好!为什么要注册成为搞客用户?您只有注册成为搞客用户,才能发布文章。

这个词的产生可能和杭州方言有些联系,杭州话"搞搞儿"就是玩

的意思。然后因为网络上有"博客"这一平台,于是便产生"搞客"一词。搞客网 www.gawker.com 是如今美国最红的文娱八卦咨询博客,最大的特点就是"将八卦进行到底"。

4."正搞"

"正搞"的意思与"恶搞"相反。如:

(1)与其说这是因为媒体恶搞,不如说是因为央视的长期正搞。

(2)和儿童相比,有些大人们喜欢正搞,自以为正确地搞。比如前不久,有媒体评论说,温总理在教育工作会上表示,很焦虑中国大学培养不出大师。总理话音未落,某师范大学的官员便精心打造出一个"少女总裁"吴莹莹,打造得太完美了,不到一周便被网民揭穿。

"正搞"来源于 2006 年 8 月一个叫胡戈的作者写的一篇博客文章:《恶搞的社会危害性远小于正搞》。文章说:"'正搞'是我取的名字。既然有'恶搞',那一定还应该有一个反义词。在油画上删人怎么也不像'善搞',所以我就给取了个名字叫'正搞'。正搞,就是一本正经地搞,认认真真地搞,搞完了让人看不出痕迹,让人不知道这东西已经被搞过。而'恶搞'则相反,是嬉皮笑脸地搞,粗制滥造地搞,搞完了还要让你知道,这是搞过的,而且连搞的是什么都要让你明明白白清清楚楚地知道。"(摘自罗建军《"搞"字新词例释》)

第六章

"作"还是"做"

一 "作"与"做"概说

"做"和"作"都是现代汉语中使用频率很高的字,然而却经常使用混乱。一方面,两者在普通话中的读音相似,用法相似,在实际运用中往往难以区分;另一方面,两字并行是一种客观事实,无论是诸多方言中,还是普通话的许多场合,两者都是各司其职,用法有异。所以有人曾发出疑问,"做"和"作"究竟是什么的关系呢? 是 A,还是 B?

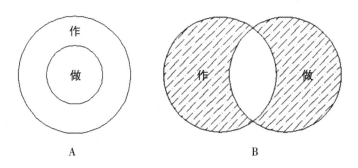

不管是 A 还是 B,都说明"做"和"作"之间有着密切的关系。

"作"是个古老的动词,早在甲骨文中就有了(字形为"乍"),在东汉许慎的《说文解字》中就记载了"作"的小篆字形。在两千多年的汉语

发展史中,它的含义不断丰富,《汉语大字典》"作"字条下共有 27 义。由于含义丰富,其构词能力也很强大,《现代汉语词典》中记载的"作"字复合词共有 251 个,而且在具体语境中"作"可以替代多个不同的动词,因此它是一个典型的"万能"动词。

"做"只在明朝梅膺祚的《字汇》中被收。明代字书《正字通》说:"做,俗作字。"把"做"当做"作"的俗字,实际上是后起的区别字。由此可见,"做"比"作"出现的时间要晚。然而事实上,"做"作为一个后起之秀,有很强的生命力,在文本中出现的机会并不一定比"作"字少,大有后来居上的意味。

在现代汉语里,"作"和"做"均属高频常用字。然而,人们对如何使用这两个字仍时感困惑,混用误用情形比较严重。下列材料为各大文章著作的标题:

1. 解放军武警部队为国家改革发展做贡献。(《人民日报》,2004 年 8 月 1 日)

2. 再接再厉为新疆发展作贡献。(《人民日报》,2004 年 1 月 23 日)

3. 中方赞赏安南为推动多边主义和国际关系民主化所做的努力。(《人民日报》,2005 年 3 月 23 日)

4. 梁启超为中国在巴黎和会的胜利所作的努力。(《学习时报》,2004 年 8 月 30 日)

5. 几年来,学校的政治教师作了不少的工作。(周恩来《在全国一届人大四次会议上的政府工作报告》)

6. 在反特务斗争中,我们只作了一些防御工作。(《邓小平文选》第一卷)

7. 人民当家作主的社会主义政治制度已经建立,但是还不完善。(《邓小平理论简明教程》)

8. 社会主义民主的本职是人们当家作主。(《党的十五大报告》)

9. 他对中国文化的继承和升华做出了重大贡献。(《邓小平理论简

明教程》）

10. 邓小平同志在拨乱反正和全面改革中……作出了两大历史性的贡献……（《邓小平理论简明教程》）

以上内容中的"做"和"作"字均存在混用的情况，究竟什么场合下该用"做"，什么场合下该用"作"呢？我们下文将通过对这两个词的对比分析来解析说明这两个现代汉语中的"万能"动词。

二 说文解字

（一）字形

"作"的小篆字形　　　　　　　　"作"的甲骨文字形

东汉《说文解字》根据小篆的字形，把"作"解释为"作，起也"。在更早时期的甲骨文中，也有"作"的字形（乍），有"开垦"、"耕地"、"建筑"、"营建"等意义。

"做"的出现年代较晚，因此没有古文字字形。许多学者认为"做"起源于宋代，也有人提出"做"在唐代即已出现，如韩愈诗中有"方桥如此做"之句。另有人考证得出，南北朝时期已经有"做"字的使用。但是，"做"一直不见于正统的字书韵书，直到明代《字汇》才收录。明代字书《正字通》说："做，俗作字。"因此古人把"做"当做"作"的俗体字。

（二）字音

"作"和"做"是两个不同的字，然而汉语中字与词的关系并不是一一对应的。"作"字代表了三个音四个不同的词：

趣数汉语「万能」动词

作₁:zuò（名词）作品；（动词）制作。

作₂:zuó（名词）作料。

作₃:zuō（名词）作坊。

作₄:zuō（动词）作践。

而"做"只有一个音，只表示一个词，即：

做:zuò（动词）基本义为：从事某种活动或工作；制造。

在《汉语方言字汇》中"做"与"作"在15个方言地区，韵母声调均不相同，即使是在韵母声调相同的北京、济南、太原三个地方的方言也有文白异读的情况。可见，在全国大多数方言中，"做"、"作"读音的区别相差很大，在用法上也是颇有差异。

在使用中人们不易区分的只是做动词用的"作₁"和"做"，作为"万能"动词的"作"也主要是"作₁"，所以下面我们的讨论也主要集中在这两个字上。

（三）字义

"作"与"做"的基本意义不同。《说文解字》中说："作，起出；从人从乍。""作"是一个形声字，本义是起、起来、起身。引申义为开始、兴起、制造以及从事某种活动。而"做"的本义是制造以及从事某种活动。"做"的本义与"作"的部分引申义相同，这也是人们容易混淆的根本原因。

甲骨文里已经有"作"字，起初与"乍"同字。"乍"是"作"的声符，先秦时期"乍、作"同部。《说文》："作，起也。"但是，在古代典籍中，有时一个字在不同情况下有不同的解释。比如，同是《诗经毛传》，对一个"作"字解释不同，《秦风·无衣》中有："王于兴师，修我矛戟，与子偕作。"毛传解释："作，起也"，与《说文》同。《秦风·无衣》反映士兵通力御敌的事情，上下文中还有"与子同袍"、"与子同仇"、"与子同泽"、"与子偕行"，是号召大家起来，同仇敌忾，这个"作"的意思跟今天《国歌》里的"起来"是一个意思。

这些解释并不是随意的,而是相互之间有着密切的联系。词在长期的运用中逐渐分化出新的意义,形成一个词义系统,这就是词义引申。

到隋唐时期,"作"的义项已经很多了。《广韵》铎韵"作"有7个义项:"为也,起也,行也,役也,始也,生也。"还有一个是姓。《故训汇纂》"作"条有125个注项,包括"起也,兴也"、"始也"、"生也"、"动也"、"为也"、"行也"、"役也"、"长也"、"成也"、"使也"、"用也"、"治也"、"灼也"、"变也"、"造也"、"发作也"、"索也"、"及也"、"耕作"等义项。虽然这些义项中许多都是随文释义,是语境所赋予的含义,但至少说明"作"承担的义项非常多。随着"作"承担的义项增多,随着时间的推移,"作"的书面语与口语的差别越来越大,最终不堪重负,到隋唐时便产生"做"来分担"作"的一些在口语上的义项。

"做"首先是作为"作"的"俗字"承担了"作"的部分义项,多用于口语之中。当白话文完全取代文言文后,白话文使用范围的扩大以至广泛运用,更"俗"的"做"字在口语中使用的更为频繁,并大举进入"作"的领地,作为动词的义项甚至超过了"作"。

《广韵》书影

"做"和"作"在《汉语大字典》中的义项都很多,总的来说有以下几个常用的基本义项。

作:

(1)起,兴起,现在起:振~|枪声大~。

例:皇帝乘大辇出大次,乐正撞景钟,鼓吹振作。(《宋史·乐志五》)

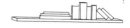

(2)从事,做工:工~｜~息｜~业。

例:夫能使吾民足于衣食、安于作息……在夫州县之吏而已。(宋·曾巩《敕监司考核州县治迹诏》)

(3)举行,进行:~别(分别)｜~乱｜~案｜~战｜~报告。

例:犯罪分子每次作案,都会逃跑。

(4)干出,做出,表现出,制造出:~恶｜~弊｜~梗｜~祟｜~态｜~色｜~为｜~难｜~奸犯科(为非作歹,触犯法令)。

例:若有作奸犯科及为忠善者,宜付有司论其刑赏。(三国·诸葛亮《出师表》)

(5)当成,充当:~罢｜~保｜~伐(做媒人)｜~壁上观。

例:我以为对于校长主张去留的人,俱不免各有其复杂的背景,所以我是作壁上观的。(鲁迅《两地书·七》)

(6)创造:创~｜写~｜曲~者。

例:因此韦护在这些地方,总常常留心,不愿太偏袒自己在创作上、文学上的主张。(丁玲《韦护》)

(7)文艺方面的成品:~品｜不朽之~。

例:《九歌》和屈原身世无直接关联,情调清醒而玲珑,可能是屈原年轻得意时的作品。(郭沫若《〈屈原赋〉今译·后记》)

(8)旧时手工业制造加工的场所:~坊。

例:叫化子似的设备的工厂和作坊,而且被国内战争破坏了一半。(瞿秋白《海上述林·答复》)

(9)从事某种活动:~揖｜~弄｜~死。

例:那后生放下搭膊,向前深深作揖。(《京本通俗小说·错斩崔宁》)

做：

(1)制造：~衣服|用木头~张桌子。

例：此处最好，只是还少一个酒幌，明日竟做一个来。（清·曹雪芹《红楼梦》）

(2)写作：~文章。

例："中国的做文章有轨范，世事也仍然是螺旋。"（鲁迅《小引》）

(3)从事某种工作或活动：~工|~事|~买卖。

例：我且不做买卖，和你一同家去。（明·施耐庵《水浒全传》）

(4)举行庆祝或纪念活动：~寿|~生日。

例："假粮"这天，亲友把筹来的粮食装进箩筐，送到做寿人家里。主人家燃放鞭炮欢迎，然后，把粮食倒入簸箕，众亲友围着簸箕而坐，在做寿人面前放上一只布袋。（《中国儿童百科全书》）

(5)充当；担任：~母亲的最疼孩子|~官|~教员|~保育员|今天开会由他~主席。

例：此前有观点认为，祖母的出现是一个重要的进化优势，因为她们为做母亲的女儿和孙辈贡献了自己大量的知识和其他资源。（新华社2004年新闻稿）

(6)当作：树皮可以~造纸的原料|这篇文章可以~教材。

例：明清之际，清人要入关，他们就用《三国演义》做教材。（《易中天品三国》）

(7)结成（某种关系）：~亲|~对头|~朋友。

例：廉大爷好心好意做这媒，是为你打算，是为你……一个油坊小老板，家里有吃有喝，又肯好学，又是廉大爷族上的，别人还抢着要做亲哩。（张天翼《儿女们》）

(8)假装出（某种模样）：~样子|~鬼脸|~痛苦状。

例：小强向小李做了一个鬼脸，吐了吐舌头。

以上只是字典辞书中罗列的关于"做"和"作"常用的一些固定义项，在实际语境中，它们还可以有临时的意义，替代许多其他的动词，从中可以明显看出它们的不同。一般来说，都是以所带宾语的抽象和具体来划分。比如《应用汉语词典》的说法："普通话里语音上没有区别。动词，指活动、工作、充任等，有时可以互相替换，而意义不变，界限模糊。比如'叫做'、'叫作'都一样。分别大致还是有的，具体的做多写作'做'，如'做针线活儿'……较抽象的、固定的词语、书面语，习惯上多写作'作'，如：'作罢'……有个成语'为人作嫁'，源自唐代秦韬玉的《贫女诗》：'苦恨年年压金线，为他人作嫁衣裳。'作嫁衣，现在多写作'做嫁衣'意思一样。可见这两个字有时可以通用。"

"作"字构词能力强，后面多带有较抽象的、有较浓书面语色彩的名词宾语语素。例如：作案、作弊、作废、作品、作别、作曲、作恶、作法、作家、作梗、作怪、作难、作孽、作祟、作呕、作陪、作为、作文、作物、作死、作风、作客、作乱、作壁上观、作法自毙、作奸犯科、作茧自缚、作威作福等。

"做"字的构词能力弱，后面多带有较具体的、有较口语色彩的名词宾语语素。例如：做生日、做满月、做礼拜、做圈套、做手脚、做事儿、做伴儿、做活儿、做人、做法、做声、做作、做客、做寿、做生意、做戏、做鬼、做东、做学问、做工、做买卖、做贼心虚、做主等。

由上面的例子可以看出，"作"的动词意味相对较弱，其动作实指中心往往落在其所带的词上，"做"字相对较实，它是动作主要的，甚至是唯一的承担者。所以，"作"多用于抽象的场合，"做"多用于具体的场合。其实，在历史上，"作"字曾是雅言正宗，因而它的抽象意味更浓，比如"作威作福"、"作法自毙"较之于"做生日"、"做手脚"更显得文采生动。

下面我们来看看它们的"万能"用法。

三 "万能"用法

(一)"做"和"作"构词

"作"和"做"与其他语素的组合能力都很强。

作：

作案：进行犯罪活动。

犯罪嫌疑人每次作案，都要留下记号。

作罢：作为罢论；不进行。

管教员气得没有办法，就去清点鞋帮数目，想找个茬治治志新，可是数来数去，刚好一千二百双，也只好作罢。（张书绅《正气歌》）

作伴：做伴；当陪伴的人。

这蒋世泽割舍不下，又绝不得广东的衣食道路，千思百计，无可奈何，又得带那九岁的孩子同行作伴，就教他学些乖巧。（明·冯梦龙《喻世明言》第一卷）

作保：做担保；充当保证人。

仇虎拐带，我是私奔，那个时候还是天作保，地作保，还是找您婆婆来作保？（曹禺《原野》第二幕）

作弊：用欺骗的手段做不合法或不合规定的事。

我们从来最爱护队员的荣誉，为了他却开始在考试时作弊。（柯岩《红领巾的歌·我们小队的努力》）

作壁上观：即袖手旁观。

我以为对于校长主张去留的人，俱不免各有其复杂的背景，所以我是作壁上观的。（鲁迅《两地书·七》）

作别：分手；告别。

彼与此世界作别。（清·梁启超《饮冰室合集·文集》）

作成：成全。

这里有一门亲事，俺要作成你。（元·秦简夫《东堂老》第一折）

作大：摆架子。

鲁迅画像

你既来考试，为何参见不跪？如此作大么？（清·钱彩《说岳全传》第十一回）

作东：做东道主。

东都周默未尝作东，一日请客，忽风雨交作。（明·冯梦龙《古今谭概·文戏》）

作对：反对。

（宋襄公）又怪郑伯倡议，尊楚王为盟主，不胜其愤，正要与郑国作对。（明·冯梦龙《东周列国志》第三四回）

作恶：干坏事；为非作歹。

（钟会）若作恶，祇自灭族耳。（《三国志·魏志·钟会传》）

作恶多端：所做的坏事太多。

在载垣等，未尝不自恃为顾命大臣，纵使作恶多端、定邀宽典。（清·薛福成《咸丰季年三奸伏诛》）

作法自毙：立法者犯了自己所立的法而为其所害。

怎奈此时官场中人，十居其九是吃烟的，哪一个肯建这个政策作法自毙呢？（清·吴趼人《二十年目睹之怪现状》）

作废：因失效而废弃；弃置不用。

他就决定把角上有"末世诗人"几个小字印着的名片作废。（郁达

夫《二诗人》）

作梗：从中阻挠、捣乱。

先生饥肠诗作梗，小摘珍芳汲水井。（宋·杨万里《题张以道上舍寒绿轩》）

作古：逝世，死亡。

这一打是有力的，因为他（指刘半农）既是作古的名人，又是先前的新党。（鲁迅《花边文学·趋时和复古》）

作怪：捣鬼，起坏作用；离奇古怪；发生性行为的讳称。

宝玉难道和谁作怪了不成？（清·曹雪芹《红楼梦》）

作计：打算。

作计何不量。（《玉台新咏·古诗为焦仲卿妻作》）

作假：制造假冒伪劣商品、以假充真、以次充好；耍手腕、玩弄伎俩。

爱姐道："奴与你是宿世姻缘，你休要作假。"（《金瓶梅词话》第九十八回）

作奸犯科：奸诈狡猾而违犯国法。

若有作奸犯科，及为忠善者，宜付有司，论其刑赏。（三国·诸葛亮《出师表》）

作茧自缚：比喻弄巧成拙，自作自受。

巴弗奴斯内心的痛苦有两层，一是想爱而不敢爱作茧自缚承受虚伪之苦，一是戴着假面具而接受信徒礼拜的哭笑不得之苦。（顾农《"精博峰利"之中》）

作践：糟蹋、浪费；摧残。

又是姑爷作践姑娘不成么？（清·曹雪芹《红楼梦》）

作困兽斗：虽受困顿，亦要奋力相拼，抗争不休。

陶企作困兽斗。（《中国陶瓷》）

趣数汉语「万能」动词

作乐：寻求欢乐；取乐。

没有"满服"就讨姨太太生儿子，没有"满服"，就把唱小旦的请到家里来吃酒作乐，这是什么家风？（巴金《秋》二八）

作乱：发动叛乱；暴乱。

甲午，以安南莫康武作乱，攻陷太原、高平等处。（《清史稿·高宗纪一》）

作美：成全好事。

可是她那该死的打呃很不作美地又连连来了。（茅盾《林家铺子》）

《林家铺子》电影剧照

作呕：恶心欲吐；比喻非常厌恶。

我的眼儿流泪，我的心儿作呕。（郭沫若《女神》）

做：

做伴：做伴儿、相随作陪。

我有些害怕，他家有甚么小孩儿，着一个来与我做伴咱！（元·无名氏《桃花女》第三折）

做大：做出尊贵的样子；摆架子，也作"作大"。

又且丈夫心下不喜，未色私房走野。偏是丑妇极会管老公，若是一般见识的，便要反目；若使顾惜体面，让他一两遍，他就做大起来。（明·冯梦龙《喻世明言》第一卷）

做东：当东道主。

这早晚找出这霉烂的二十两银子来做东，意思还叫我们赔上！

（清·曹雪芹《红楼梦》第二十二回）

做法：施行法术。

谁知道？准是那个老道姑子替瞎子做法呢。（曹禺《原野》）

做饭：烹制饭菜；把生粮做成熟食。

雷克雅未克的市民们做饭、取暖都不烧煤和柴，而是使用管道运输的热水和暖气。（《中国儿童百科全书》）

做工：干活；从事体力劳动。

（萧伯纳）有钱，他偏讲社会主义，他偏不去做工，他偏来游历，他偏讲革命。（鲁迅《南腔北调集·谁的矛盾》）

做鬼：做骗人的勾当，捣蛋。

世富老大……有皱纹的面色严肃而且和善可亲，仿佛他并不是做鬼，而是正在做着对世界有益的事情。（柳青《创业史》第一部第二五章）

做客：访问别人，自己当客人。

在塔吉克人家做客，忌脱帽，忌用脚踩食盐和其他食物，也不能骑马穿过羊群。（《中国儿童百科全书》）

做媒：介绍男女双方使其成婚。

总管息怒，既然没了夫人，不妨，小人自当与总管做媒。（明·施耐庵《水浒传》第三十四回）

做梦：入睡后大脑皮层未完全抑制，脑海中出现各种奇幻情景。

原来阴间业镜照出毛妻张氏同受银子之时，张氏在阳间恰像做梦一般，也梦见阴司对理之状。（明·凌濛初《二刻拍案惊奇》卷十六）

做亲：结婚、成亲；联姻、结为姻戚。

酒席上就不因不由做了这门亲……西门庆说："做亲也罢了，只是有些不搬陪。"（《金瓶梅词话》第四十一回）

趣数汉语「万能」动词

做声:开口发言。

吴教授正在那里面面厮觑,做声不得。(《京本通俗小说·西山一窟鬼》)

做生日:庆贺生日。

其一自出请帖邀客者,其文曰:某月某日贱子几十初度,治筵敬请。其二由子孙出名请客者,其文曰:家严或家慈几十寿辰(如父母同庚而合做生日者,则曰双庆),桃觞敬请。亦有并不出帖,亲友知之而群来祝寿者。出请帖者有意做生日,排场大。(钟毓龙《说杭州·说风俗·生日》)

做事:担任有固定的职务;工作。

单氏又凑些私房银两,送与庵中打一坛斋醮……日前也曾与丈夫说过来,丈夫不肯,所以只得私房做事。(明·冯梦龙《警世通言·吕大郎还金完骨肉》)

做文章:写文章、在知识上或艺术上进行的探索;比喻抓住一件事发议论或在上面打主意。

19 日的记者招待会上说,韩国队在 2004 年一定要在"速度"上做文章,无论是进攻、防守还是攻防转换都要强调速度。(新华社 2004 年新闻稿)

做戏:表演戏剧。

鲍文卿也就收拾,带着鲍廷玺,领了班子,到天长杜府去做戏。(清·吴敬梓《儒林外史》第二十五回)

做贼心虚:偷窃或做了亏心事的人,经常心中惴惴不安,总怕被人知道,处处疑神疑鬼。

这个毛病,起先人家还不知道,这又是他们做贼心虚弄穿的。(清·吴趼人《二十年目睹之怪现状》第六十回)

做张做智:故意拿腔拿调,做假招子。

做张做智的圆成着,做了五十两银子,卖了。(《醒世姻缘传》)

做主:主持决断。

即蒙员外做主,洒家情愿做了和尚,专靠员外照管。(《水浒传》第四回)

(二)"做"和"作"的指称性

"做"与"作"为"万能"动词还体现在它们各自在不同的语境中可以指称不同的实义动词,体现出不同的意义。

称"作"为"万能"动词是因为它表义比较宽泛,需要依据具体的搭配对象、在具体的语境中才能确定它的具体词义。由于"作"文言意味很强,所以在文言文中出现的非常广泛,下面举例说明:

(1)表现,享有

例:惟辟作福,惟辟作威,惟辟玉食,臣无有作福作威玉食。(《尚书·洪范》)

(2)点,燃

例:作火以铸刑器。(《左传·昭公六年》)

(3)滥用

例:又选举不实,曾无贬坐,是使臣下得作威福也。(《后汉书·马严传》)

(4)起,集

例:天油然作云,沛然下雨。(《孟子·梁惠王上》)

(5)表现,振奋

例:在汉中兴,充国作武,纠纠桓桓,亦绍厥绪。(汉·扬雄《赵充国颂》)

(6)开、结

例:念其霜中能作花,露中能作实。(南朝宋·鲍照《梅花落》)

(7)响,打,发

例:断雾时通日,残云尚作雷。(隋炀帝)

(8)怀,有

例:稻粱沾汝在,作意莫先鸣。(唐·杜甫《江头五咏花鸭》)

(9)排,结,列

例:忽然分散无踪影,帷有鱼儿作对行。(唐·韩愈《盆池》)

(10)尽

例:春风石瓮室,作意共君游。(唐·张籍《寄昭应王中垂》)

(11)下,赐

例:莫隐高唐去,枯苗待作霖。(唐·杜枚《云》)

(12)加,着

例:月中若有闲田地,为劝嫦娥作意栽。(唐·陆龟蒙《幽居有白菊一丛》)

(13)闪

例:眼光作电走金蛇。(宋·苏轼《起伏龙行》)

苏轼画像

(14)任

例:老木高风作意狂,青山和雨入微茫。(金·元好问《风雨停舟图》)

(15)发,感觉

例:只因昨日喝了黄酒,又吃了月饼馅子,所以今日有些作酸呢。(清·曹雪芹《红楼梦》七十五回)

"做"的出现年代较晚,大概在唐宋时期,就有"做"字出现。它本来是"作"的俗体字,但在语用中又分化出新的意义。因此,虽然其用法多样,但与"作"还是有所区别,下面举例说明:

(1)做,从事某种工作或活动

例:我且不做买卖,和你一同家去。(明·施耐庵《水浒全传》)

(2)制作,制造

例:此处最好,只是还少一个酒幌,明日竟做一个来。(清·曹雪芹《红楼梦》)

(3)充当

例:马二先生做东,大盘大碗请差人吃着。(清·吴敬梓《儒林外史》)

(4)假装

例:做神做鬼(装模作样;装神弄鬼);做腔(装腔作势,摆架子);做嘴脸(装模作样);做好做恶(假装做好人或恶人,以事应付);做声分(装腔作势);做意(装假,做意)

(5)结成某种关系

例:做一处(在一起;在一处);做亲家;做朋友;做一路(结成一伙);

做人情(以某种行动或东西结好于人);做相识(交朋友)

(6)摆(架子,阔气)

例:做张做势(装模作样;装腔作势);做模样(摆架子;装模作样);做格(摆架子);做大老(摆架子,妄自尊大)

(7)举行,举办

例:做孝(办丧事);做祃(举行祭礼);做场(演出);做庆贺筵席;做七十大寿;做生(庆祝生日)

(8)为吃而烧制食物

例:宁愿饿死也不吃这种火上做的饭食。

(9)成为,当

例:做线的(当侦探的);做演员;做保育员

(10)写作

例:做一首诗

(11)打,揍

例:不走,等做不成;做他一顿

(12)斗,争斗

例:你使这等见识,我拼的和你做一场。(《桃花女》)

(13)杀害,谋害

例:难道他们竟串通一气,来做我们的。(清·李宝嘉《官场现形记》)

（14）用作

例：这部分可以做教材；沼气可以做燃料

（15）代，替

例：见公公时，做我传语他，只教他今夜小心则个。（明·冯梦龙《古今小说》）

（16）定价；算作

例：他那一路上的人恐怕旁边人有不帮衬的，打破头屑，做张做智的圆成着，做了五十两银子，卖了。（《醒世姻缘传》）

由上面的例子可以看出，"作"和"做"在实际语境中的含义非常灵活，可以替代许多不同的动词，其意义需要配合语境才能准确获知。

四　区别对待还是合二为一？

"作"和"做"在辞书里都是独立的字头，但《新华字典》中把"作"作为"做"的异体字，《现代汉语词典》（第六版）中说"作同做"，也就是说凡写"做"的地方都可以写为"作"。《现代汉语常用字表》中既有"作"也有"做"，《汉语大字典》、《汉语大词典》、《辞海》、《新华词典》、《汉语小词典》等中却没有把"作"作为"做"的异体处理。

吕叔湘先生说："可不可以一概写'作'，不再写'做'呢？我看可以。这两个字，声音一样，意思一样，写乱了是难免的，要长久维持这种分别是困难的，倒不如干脆只保留一种写法果真如此，那倒也是一件好事。（只有一个小问题：'做作'这个词不好写成'作作'。）"那么"作"和"做"究竟应该区别对待，还是只保留一个字的义项，让两者合二为一呢？我们先来看看"做"和"作"义项交叉分布情况：

趣数汉语「万能」动词

义　项	作	做
起	+	−
从事某种活动或工作	+	+
写作、创作	+	+
作　品	+	+
假　装	+	+
充当、担任	+	+
当成、作为	+	+
发　作	+	+
制　造	−	+
举行庆祝或纪念活动	−	+
当　做	−	+
结成某种关系	−	+
兴、起	+	−
故意装出某种样子	+	+
结成某种关系	−	+

（根据《现代汉语词典》，"＋"代表具有这种义项，"－"代表不具有这种义项）

　　通过上表我们可以看出，"作"与"做"有三个义项明显一致，其他还有一些相同或相似的义项，因此就有专家学者提出将两者合并。有的专家提议将"作"并入"做"中，但有些固定词就无法替换，如"作古"、"作乱"、"作色"、"作品"、"作祟"；也有专家提出，将"做"并入"作"中，可是书面语色彩比较重的"作"根本无法驾驭有些口语意味比较强烈的词。所以合并的建议一直未被采纳。

　　"做"字在产生之后，词义一直是与"作"区别使用的。人们也注意到了这种区别，虽然时有混淆，但一直也在尽量区分，正确运用。下面我们就一起来看看"做"和"作"各自不同的用法。

（一）语义不同

通常人们称"作"与"做"是一对同义词,但是,真正意义上的同义词是很少见的。我们讲的同义词一般都是意义大致相同,同中有异的词,严格讲它们应该称为近义词。"作"与"做"就是典型的一对,它们音同义近,同中有异。

"作"与"做"这两个字的使用频率相当高。在口语中,由于"作"与"做"发音相同,而无须区别使用,但在书面语言中,要想正确使用"作"与"做"就比较困难了,往往出现两字混用和错用现象。我们如何正确区分和使用这两个字,从而避免错用呢?

字词用法存在继承和发展的关系,"作"和"做"也不例外。汉语中"作"的出现明显早于"做"。"做"最初是以"作"的俗字形态出现的,但随着汉语言文字的不断发展,现今"做"已经具备了自身独特的非"作"可替代的内涵。

（二）构词规律不同

"作"与"做"构词规律不同。"作"字构词,后面多带有较抽象的名词宾语语素,且构词能力强。例如:

作案、作弊、作废、作品、作别、作曲、作恶、作法、作家、作梗、作怪、作难、作孽、作祟、作呕、作陪、作文、作物、作死、作风、作客、作乱、作壁上观、作法自毙、作奸犯科、作茧自缚、作威作福、作案、作罢、作保、作弊、作成、作答、作对、作恶、作伐、作法、作废、作梗、作古、作怪、作假、作价、作践、作客、作乱、作美、作难、作草、作呕、作陪、作势、作数、作速、作祟、作态、作痛、作为、作伪、作文、作物、作息、作业、作揖、作艺、作俑、作用、作战、作者等。

"做"字的构词,后面多带有较具体的名词宾语语素,且构词能力弱。例如:

做生日、做满月、做礼拜、做圈套、做手脚、做事儿、做伴儿、做活儿、做人、做法、做声、做作、做客、做伴、做东、做鬼、做买卖、做媒、做生意、做

事、做寿、做文章、做学问、做贼心虚、做主、做工等。

以上可以看出，"作"多为语素，多用于构词；"做"多为单词，用于造句的用字。有人对《现代汉语词典》作过调查，"作"字复合词共有251个，"做"位于词首的有34个，位于词中的有42个。可见在与其他词的结合能力上，"作"比"做"更强。与其他词结合的紧密程度上，"作"与其他词的结合也比"做"与其他词的结合更加紧密。

（三）带宾语情况不同

"作"与"做"在句中所带宾语不同。"作"在句中所带宾语一般为动名词。例如：

为了迎接参观者，我们作了周密的安排。

彼此语言不通，只作了些泛泛的应酬而已。

就此问题作出详细的分析。

我们要同坏人坏事作坚决的斗争。

记者就这件事作了连续报道。

在会上，他作了激昂慷慨的演说。

他作关于当前经济形势的报告。

依据科学方法，对此事作深入研究。

他有心脏病，不能作激烈的活动。

为了掌握确凿的证据，他作了大量的调查。

"做"在句中所带宾语一般是名词或代词，多为人或事物。例如：

妈妈为我做了一件漂亮的衣服。

用塑料代替木材做家具。

老师教育我们多做好事。

他们会做许多手艺。

他擅长做木工活儿。

如今我们当家做了主人。

这本书可以做教材。

我们终于做了好朋友。

即使带相同宾语,语义重心并不一致,表示的意思也不一样:

做客:重心在"做","做客"的行为以"做"为较重,主要表达"我"的具体活动。

作客:重心在"客",有"作客他乡"、"客居异地"的漂泊者情状。

做秀:词语重心在"做"上,"秀"只是说明一种方式和内容。

作秀:词语重心在"秀","秀"的动作感明显。

做恶:"做"的动作性更强,更直观具体。

作恶:"恶"的内容更丰富,"作"动作性比较抽象。

尤其是在文白语体对比的时候更能看出"做"与"作"用字的区别:

作词/做诗 作书/做序 作陪/做伴 作伐/做媒 作艺/做秀 作茧自缚/桑蚕做茧 作事不时/做人做事 途场作戏/专会做戏 为非作歹/做好做歹 为人作嫁/自做嫁妆 认贼作父/做父母的 装模作样/做做样子

(四)适用范围不同

"作"字多用于古汉语、书面语,"做"字多用于近代汉语、口语中。

成语:作成作福、作茧自缚、做贼心虚

专门用语:作物、作业、作艺、作诵、作乐(yuè)、作文(名词)、作文(动词)、作案、作保、作弊、作价

文言古语:作果、作态、作乱、作古、作色

口语:做兔、做活儿、做买卖、做满月、做派、做亲、做圈套、做人、做人

家、做生活、做生日、做生意、做手脚、做戏

这种规律能解释"作"的大部分用法。以成语为例,常用的有:

作壁上观、作恶多端、作法自毙、作奸犯科、作茧自缚、作金石声、作鸟兽散、作如是观、作舍道边、作死马医、作率不时、作威作福、敢作敢为、故作姿态、天作之合、自作聪明、自作自受、所作所为、大有作为、逢场作戏、弄虚作假、认贼作父、为非作歹、为虎作伥、为人作嫁、兴风作浪、兴妖作怪、一鼓作气、以身作则、寻欢作乐、装聋作哑、装模作样、装腔作势、矫揉造作、日出而作、无恶不作。

上述用"作"的词语都不能写成"做",特别是古已定型的成语更不能写成"做";成语中只有"做贼心虚"使用"做",其余成语、专门用语、文言古语一律用"作",而口语化的短语、近代产生的成语中才使用"做"。以上可以看出,"做"用于口语,"作"用于书面语。

(五)内部构成不同

"作"字组成的词语内部构成形式主要有限定关系、支配关系和作为附加成分:

(1)限定:作风、作品、作件;

(2)支配:作物、作业、作艺、作文、作祟、作威作福、作弊、作恶、作法、作价、作茧自缚、作客;作脸、作乱、作孽;

(3)附加:作家、作者。

"做"字组成的词语内部构成形式只有支配关系一种:

做伴、做东、做工、做鬼、做活儿、做礼拜、作买卖、做满月、做媒、做人、做生日、作生意、做事、做手脚、做寿、做戏、做学问、做贼心虚、做主。

可见,"做"与"作"虽然都可以直接接名词组成名词结构的词语,但其表示的意义和内部结构形式完全不同。

如果掌握了以上"作"与"做"的异同及其使用规律,我们就不会用错了。

五 "作"字趣闻

1. 见"鸡"而作

从前有一个地主,很爱吃鸡,佃户租种他家的田,光交租不行,还得先送一只鸡给他。有一个叫张三的佃户,年终去给地主交租,并佃第二年的田。去时,他把一只鸡装在袋子里,交完租,便向地主说起第二年佃田的事,地主见他两手空空,便两眼朝天地说:"此田不予张三种。"张三明白这句话的意思,立刻从袋子里把鸡拿了出来。地主见了鸡,马上改口说:"不予张三却予谁?"张三说:"你的话变得好快呵!"地主答道:"方才那句话是'无稽(鸡)之谈',此刻这句话是见机(鸡)而作。"(摘自网络)

2. 见机而作

金岳霖是哲学系教授,教逻辑学。有人认为这个专业很枯燥,像高等数学一样,他却说:"我觉得它很好玩。"他的学生中出了一个殷海光,一个王浩。他住在昆明城外,养了一只大公鸡,天天喂它维生素。由于宿舍太小,他把鸡寄养在城内张充和她们的住处。一听到日本人的空袭警报时,别人往城外跑,他却往城内跑,他惦记着自己的宝贝公鸡呢。"金岳霖抱着大公鸡跑警报"就成了防空洞里最热门的笑话,陈寅恪称之为"见机而作,入土为安……"(摘自网络)

3. "做作"的含义

现代汉语中还存在"做"和"作"两个近义词构成的合成词"做作",这个词语是什么意思呢?《现代汉语词典》的解释很简单:"故意做出某种动作、腔调等。"然而,"做作"的含义不止一个:

1. 作为,举动,所作所为。如《朱子语类》卷九三:"圣人做作又自不同。"

2. 装模作样。如元·王
实甫《西厢记》第一本第四
折："扭捏着身子儿百般做
作，来往向人前卖弄俊俏。"
再如鲁迅《南腔北调集·作
文秘诀》："'白描'却并没有
秘诀，如果要说有，也不过是
和障眼法反一调：有真意，去
粉饰，少做作，勿卖弄而已。"

3. 暗算；捉弄。如元·
无名氏《盆儿鬼》第二折："你

《西厢记》书影

本是个会做作狠心大哥，更加着个会撺掇毒害虔婆。"再如《初刻拍案惊
奇》卷六："巫娘子道：'只是该与我熟商量，不该做作我……'"

4. 从事某种活动；制作。如《初刻拍案惊奇》卷七："玄宗大喜，一齐
同到道场院，看他们做作。"再如李准《李双双小传》："只要做作的好，花
样变得多，社员们一定喜欢吃。"

一开始，"做作"是不含贬义的，随着历史的发展。语言系统的调
整，"做作"出现了贬义色彩。在现代汉语中，"做作"仅仅保留了以上第
二个义项"装模作样"。

第七章

大小通"吃"

一 "吃"字概说

在网上流传着这么一个段子：

一个外国人与一个中国人聊天,外国人对中国人说:我终于明白了中国文化其实就是吃的文化:岗位叫饭碗,谋生叫糊口;受雇叫混饭,混得好叫吃得开,受人欢迎叫吃香;受到照顾叫吃小灶,花积蓄叫吃老本;占女人便宜叫吃豆腐;男人老是用女人的钱叫吃软饭;女人漂亮叫秀色可餐;干活多了叫吃不消,受人伤害叫吃亏,男女嫉妒叫吃醋;犹豫不决叫吃不准,不顾他人叫吃独食;办事不力叫吃干饭,负不起责任叫吃不了兜着走。这个中国人听后哈哈大笑:你真是吃饱了撑的!

虽然这只是一个笑话,但从中也透漏出中国不可忽视的强大的"吃文化"。

在中国,"天"是至高无上的概念,所谓"道之大原出于天"。但中国还有一句俗语,叫做"民以食为天"。将"食"与"天"相提并论,也足以证明中国吃文化的源远流长。从孔子的"食不厌精,脍不厌细",到老子

"圣人为腹不为目"，古代圣贤关于吃的思想，影响了整个中国的话语系统。

中国有了不起的吃文化，可以说是"无所不吃！"天上飞的、地上走的、海里游的、树上爬的，"鸡鸣鹤鹰鸟飞之、狼狰狸猫犬逃之、骡驰驹驴马追之、蛇蟆蛤蟆虫跳之、鲈鲜鲢鲤鱼跃之，万物可食之"、"两脚的爹娘不吃，四脚的床板不吃，其他什么都能吃！"几千年之后的中国，更是将吃文化发展到了极致，不仅可以吃饭、吃菜、吃食物，连感情、感受、生活、金钱等等都可以通通"吃掉"！对生活的感受是"酸甜苦辣"；在一个环境里生存得顺畅叫"吃得开"；好生活是"吃香的喝辣的"；受不了叫"吃不消"；访问朋友不在家，"吃了一个闭门羹"；做事挑剔，那是"挑肥拣瘦"；闲极无聊没事找事就是"吃饱了撑的"；被别人占了便宜，你就"吃了亏"；吃了亏以后不敢尝试类似的事情，那是"因噎废食"；事情办不好就准备"吃不了兜着走"……最经典的还是我们那句亘古不变的问候语，无论何时何地，无论男女老幼，见面的第一句话就是"吃了没？"所以中国吃文化的博大精深，需要我们慢慢体会。

在中国，最早用以表达"吃喝"这类意思的并不是"吃、喝"二字，而是"食"、"饮"。先秦两汉时期，"食"和"饮"的使用频率最高；魏晋至隋唐宋时期，"吃"出现了，并且使用频率慢慢增加。三个词开始竞争，三足鼎立。后来，由于"食"的义项太多，语义负担过重，最终"食"在竞争中被淘汰，新兴的"吃"取代了它的地位。依据《入唐求法巡礼行记》的记录，唐朝口语中"吃"已取代了"食"，甚至还侵入"饮"的部分义域。"喝"至迟在明代就已经出现，此后便迅速蔓延，由"吃"一统天下的局面就被打破了。同样，"喝"的出现使得它与"吃"以及书面语色彩很重的"饮"又一次竞争。由于"吃"后面既可带固体类又可带液体类食物，因此语义负担较重。"饮"是一个文言词，书面色彩较浓。随着社会的发展和人们认识的变化，大量的新兴词汇产生，它已不能与新兴的口语成分组合。"喝"是个新兴的词，专表饮用。新兴词的生命力很强，于是在竞争中获胜，代替"吃"带液体类食物作宾语。除此之外还占据了"饮"

除"酒"之外的带液体食物作宾语。此时，"吃"、"喝"才真正成为这一类词的专属称谓。

二 说文解字

（一）字形

"吃"字的小篆字形

（二）字义

"吃"是一个形声字。本义：吃东西。但是"吃"在古代一般不当"吃东西"讲，"吃东西"在古代写作"喫"。汉字简化后"喫"写作"吃"。

"吃"从最初的释义到发展为现代汉语中的"无所不吃"，其间意义经过了长期的发展演变。

表饮食义的"吃"字最早出现于西汉时期，只在贾谊的《新书》中发现一例："越王之穷，至乎吃山草。"（贾谊《新书·耳库》）南北朝时期，"吃"字运用并不普遍，也只在刘义庆的《世说新语》中出现一例："（罗友）答曰：'友闻白羊肉美，一生未曾吃得，故冒求前耳，无事可咨。'"（刘义庆《世说新语·任诞》）唐五代时期，"吃"字开始频繁出现，使用频率大有提高。宋元时"吃"字使用范围继续扩大，后面既可以带食物类名词，也可以带非食物类名词。如："却笑吃亏隋炀帝，破家亡国为谁人？"（杜牧《隋苑》）

元末明初，"吃"的使用有所改变，从先前只带食物类名词，表"饮食义"，发展到可带工具、处所、来源类等宾语，开始有比喻义：

但凡客商在路,早晚安歇,有两件事免不得:吃癞碗,睡死人床。(明·施耐庵《水浒传》第二十九回)

武松、施恩两个一处走着,但遇酒店便入去吃三碗,约莫也吃过十来处好酒肆。(明·施耐庵《水浒传》第二十九回)

常言道:管山吃山,管水吃水。(《朴通事》)

到了18世纪,一部《红楼梦》更是让我们领略到"吃"的别样风情。18世纪中后期,"吃"字可带宾语范围继续扩大,方式、结果、目标等类型的名词也已开始出现在"吃"字的宾语位置。

直到现在,饮食义名词仍是"吃"的主要宾语,但是非饮食类名词出现于"吃"的宾语位置也是司空见惯。经过中华上下几千年的文化演变,"吃"的语义不断增加,逐渐发展成为现代汉语中意义丰富、用法灵活的万能动词。

总的来说,"吃"的义项有以下几个:

(1)把食物等放到嘴里经过咀嚼咽下去(包括吸、喝):～饭|～奶|～药。杜甫《送李校书二十六韵》:"临岐意颇切,对酒不能吃。"《1982年北京话调查资料》:"说往后看,人家吃烙饼啊,人家都知足,你这儿吃饺子你都不知足,这你不就,就什么了吗?"

(2)依靠某种事物来生活:～劳保|靠山～山,靠水～水。《光明日报》:"'周总理坚决执行毛主席的指示,教育老干部不要吃老本,要立新功,立新劳。'如:当今世界,科学知识更新很快,我们不能光是吃老本,要时时学习新的东西。"明冯梦龙《醒世恒言》第三卷:"自古道,靠山吃山,靠水吃水。"

(3)吸收(液体):这种纸不～墨。《写〈围城〉的钱钟书》:"杨绛回忆说:'我们在牛津时,他午睡,我临帖,可是一个人写字困上来,便睡着了。他醒来见我睡了,就饱蘸浓墨想给我画个花脸,可是他刚落笔我就醒了。他没想到我的脸皮比宣纸还吃墨,洗净墨痕,脸皮像纸一样快洗破了。以后他不再恶作剧,只给我画了一幅肖像,上面再添上眼镜和胡子,聊以过瘾。'"

(4)消灭(多用于军事、棋戏):~掉敌人一个团|拿车~他的炮。《聂荣臻评传》:"马回岭——一个人吃掉敌人一个师。"《志愿军援朝纪实》:"抗美援朝经典战斗:解放军一个连吃掉英军一个连。"

(5)承受;禁受:~得消|~不住。《蒋经国与章亚若之恋》:"'你看你,林黛玉似的,就爱使小性子。好,不说了。还有几里地,吃得消吗?'她点点头。她很喜欢这种雨中漫步的情致。"《1994年报刊精选》:"广州大桥目前每天车流量就有8万辆次,倘若无此分流,海珠老桥怎吃得消!"

(6)受;挨:~亏|~惊|~批评。元无名氏《桃花女》第二折:"元来这姐姐口强心不强,只是我做媒的吃亏。"清孔尚任《桃花扇·守楼》:"依我说,三百财礼也不算吃亏。"梁启超《论内地杂居与商务关系》:"即如杂居一事,吾人虽知其吃亏,犹以为不过体面上不好看而已。"

三 "万能"用法

现代汉语中,"吃"字出现频率很高。在国人崇尚吃文化的氛围中,吃也表现出了它"大开吃戒"的特色。作为典型的"万能"动词,"吃"字不仅表现出了它超强的构词能力,还体现了灵活的带宾语情况。

(一)"吃"字构词

"吃"字构词能力强,可以组成许多词语。

吃瘪:受窘、受挫;被迫屈服、服输。

法官问问那三个女儿,也都说母亲的话不错,并且都表示愿嫁给这三个中国人。结果那个父亲大吃瘪。(邹韬奋《萍踪寄语》)

吃不服:不习惯于吃某种事物。

生冷的东西我总吃不服。(《现代汉语词典》)

吃不来：不喜欢吃、吃不惯。

陈毅要吃法式牛排，陈赓说大鱼大肉吃不来，想吃一点野味儿。秦基伟死不表态。(《陈赓操刀秦基伟请客》)

吃不消：不能支持、支持不住、受不了。

可是连长是不是随便揍人? 他要揍人呀，那可吃不消。(杜鹏程《保卫延安》第二章)

吃不住：承受不起、不能支持。

京里离这里很远，凡百的事，都是节度奏闻。他说好便好；说不好便吃不住。(清·曹雪芹《红楼梦》第九十九回)

吃吃喝喝：吃饭喝酒，多指以酒食拉拢关系。

年纪一大把，乐得看开些，吃吃喝喝，四处八方去逛逛，让我也开开眼界。(高阳《胡雪岩全传·平步青云》中册)

吃醋：产生嫉妒情绪(多指在男女关系上)。

对这种事，书上也有归咎于老婆的，说她"妒"，翻成口语，即好吃醋。(聂绀弩《论怕老婆》)

吃刀：切削金属时刀具切入工件。

和田玉虽说是软玉里硬度最高的，但是玉本身也有好坏之分。一般籽料比山料的内部结构紧凑，不容易吃刀，但也有的籽料被厚重僵皮包裹，肉很少，那样内部密度就小，也会吃刀。同样，山料也有同样现象。(《和田玉吧》)

吃得来：吃得惯(不一定喜欢吃)。

不管行得通，行不通；也不管小爷叔舒服惯，吃不吃得来做官的苦头，根本上就不该动这个念头! (高阳《红顶商人胡雪岩》)

吃得消：能支持、支持得住、受得了。

这几天日夜急行军，你吃得消? (杜鹏程《保卫延安》第一章)

吃得住：能支持、承受得住。

也就是老张教授有年，学务大人经验宏富，不然谁吃得住这样的阵式！（老舍《老张的哲学》第三）

吃饭：指生活或生存。

共产党不靠吓人吃饭，而是靠马克思列宁主义的真理吃饭，靠实事求是吃饭，靠科学吃饭。（毛泽东《反对党八股》）

吃货：动词，用现金买入货物；进货。

作手在低价时暗中买进股票，叫做吃货。（《股市宝典》）

吃惊：受惊。

老妇人吃惊地望着箭也似地飞走的乌鸦。（鲁迅《药》）

吃苦：经受艰苦。

不成我和你受用快乐，倒教家中老父吃苦？（明·施耐庵《水浒传》第四十二回）

吃青：庄稼还没有完全成熟就收下来吃（多在青黄不接、食物缺乏时）。

有的社员就主张吃青。这时，社务管理委员会就积极鼓动社员再努一把力，克服秋收前的最后困难，不要蹭蹬眼看到手的

日本翻刻的《水浒传》

收成。（《中国农村的社会主义高潮·勤俭办社》）

吃请：接受邀请（多指对自己有所求的人的邀请）去吃饭。

区长吃请去了，那站门口的本地土兵，捧着杆"汉阳造"直向我瞪眼。（王统照《站长》）

吃水：取用生活用水；吸取水分。

天气干旱时,农民就把输水管道砸掉浇地,我们连吃水都解决不了,别说生产,企业的物资经常被盗。(《1994年报刊精选》)

吃素:不吃鱼、肉等食物。佛教徒吃上的一戒律,还包括不吃葱蒜等;指不杀伤(多用于否定式)。

我因为闲着无事,便也如大人先生们一下野,就要吃素谈禅一样,正在看佛经。(鲁迅《彷徨·孤独者》)

吃透:理解透彻。

华罗庚的《堆垒素数论》和大厚本儿的《数论导引》,陈景润都把它们吃透了。(徐迟《哥德巴赫猜想》四)

吃心:疑心、多心。

我说,为这点事不必那么吃心。(老舍《骆驼祥子》七)

吃斋:吃素;和尚吃饭;(非出家人)在寺院吃饭。

大慈大悲的观世音!弟子吃斋念佛,谢你老人家保佑了我的儿子。(杨沫《青春之歌》第一部第二十章)

吃重:载重。

现在我们江南顶吃重的是江防,要紧口子上都有炮台。(清·李宝嘉《官场现形记》第三十一回)

吃准:认定、确认。

每完成一部作品,他都有类似的"吃不准"的感觉,因此,为了"吃准",他总会把第一部作品的衡量标准放在时代的坐标上。(《程蔚东全新体验时代》)

吃罪:承受罪责。

万一出点错儿,我们可吃罪不起呀!(京剧《贵妃醉酒》)

(二)"吃"字入句

"吃"的另一个"万能"特性表现在"吃"字所带宾语情况的复杂化。

易中天先生在其《闲话中国人》一书中，一开篇就说："中国文化是吃出来的。"想想还真有一些道理。中国人将"吃"上升为文化，就是说中国的"吃"不单指人食充饥。而具有普泛的文化指称。

"吃"的宾语也从之前只单纯指称食物类名词逐渐扩大到非食物类名词，食物类名词也从固态食物名词，到非固态食物名词，再到固态非固态名词并存。

"吃"带宾语及与吃相关的词语可以用来代表政治制度与权力使用。比如中国自古就有把占据权力位置叫"问鼎"，"鼎"在这里其实就是烧饭烧汤的器具。其他文化也多是与吃相关的，比如孔子多说的"祭"，其实就是用手拿肉在烧烤的意思，"礼"也就是"割不正不食，席不正不坐"之类的吃饭规矩。后来发展为只要在党政机关、事业单位、群众团体以及国有企业中吃财政饭的人统称"吃皇粮的"，随即还有一系列与政治有关的新词汇："吃大锅饭"、"分灶吃饭"、"吃透精神"、"吃不准"等等。

中国的美学与"吃"也有着千丝万缕的联系。审美是一种高级的精神活动，需要人有较高的文化修养和文学底蕴。在西方，一般都视审美感官为高级感官，绘画、小说、建筑、书法，用眼睛细细观看才能品出个中滋味。而像音乐、歌曲、戏剧也为耳朵所独占。但在以"吃"为主的中国，却有着与众不同的崇尚"吃"的"味觉美学"，无论是阳春白雪，还是下里巴人，照"吃"不误！对于文人高雅的精神作品，理解了就叫"吃透"，不能理解就叫"吃不透"；若是太艺术，为一般人所不能理解，就说"太难啃"、"啃不动"；如果说一个人狂热地追求知识，就可以说他如饥似渴地"啃"书本。

时至今日，"吃货"（形容爱吃的人）遍地，文化与餐饮的关系更为密切。随着生活节奏加快，文化像快餐般被人类包装起来，提供给读者消费。"吃文化快餐"是近些年才出现的一个新兴词语，刚刚流行又被批判为"缺少思想、缺少深度，看似轻松，过目即忘"，所以随后又出现了"文化快餐不宜多吃"。与之相反的是古代文学作品，内容丰富，思想深刻，韵味浓郁，节奏缓慢，细嚼慢咽方能吃其精华、吃其韵味、吃其诗味、

趣数汉语「万能」动词

吃其滋味。

　　"吃"带宾语的情况在许多行业用语中也是频繁地出现,比如雷力的《木匠》:"干我们这行,眼睛要厉害,什么材料吃斧子,什么材料卷锯子,都要一眼就看出来。"这句话中的"吃斧子"并不是说要把斧子吃下去,这是木匠这一行的专业术语。有的木料太硬,斧头砍上去,容易把斧口砍出缺口,就像把斧子吃掉一样,借以说明好的木匠就是要有敏锐的目光,能分辨出木料材质的软硬。而在现实生活中,人们也偏向于用"吃"来指称自己的工作行业,这是由"有工作就是有铁饭碗"、"工作就是吃饭"这种思想转喻而来。所以教师这一行就叫"吃粉笔灰的",相声演员就叫"吃嘴皮子饭的",作家就是"吃笔杆子的",说书卖唱的就是"吃开口饭",出租房屋的就叫"吃瓦片儿",工人叫"吃技术饭",补鞋修锅的叫"吃手艺饭",农民叫"吃锄头饭",从政的叫"吃官饭"、"吃政治饭",公务员就是"吃国家饭的"。如果没什么工作,只能靠积蓄过日子就叫"吃老本"。老本吃完了就叫"坐吃山空",老本吃完什么都没有了那就只好"喝西北风了"。

　　发展至今,"吃"后可带的宾语越来越多,内容越来越丰富,用法越来越灵活,情况也是越来越复杂。在"吃"字实词意义的基础上,语义泛化,并在特定结构"吃××"中固化成词,成为一个比较抽象的概念,"吃"的部分意义也随之不断虚化,可以在不同的语境中呈现不同的语境义,"吃"已经不再只是饮食类的专指。如:

　　吃香:受人欢迎。

　　吃白饭:吃饭不付钱;只吃饭而不干活儿(多指没有工作),也指寄居在别人家里,靠别人生活。

　　吃闭门羹:被主人拒之门外或主人不在家,门锁着,对于上门的人叫吃闭门羹。

　　吃不了兜着走:指出了问题,要承担一切后果。

　　吃错药:指言行举止不太正常或有违常理(挖苦人的话)。

吃大锅饭:比喻不论工作好坏、贡献大小,待遇、报酬都一样。

吃大户:旧时遇着荒年,饥民团结在一起到地主富豪家去吃饭或夺取粮食;借故到经济较富裕的单位或个人那里吃喝或索取财物。

吃豆腐:调戏妇女;拿某人开玩笑或调侃叫吃某人的豆腐。

吃独食:有东西自己一个人吃,不给别人;比喻独占利益,不与别人分享。

吃干饭:光吃饭不做事,多用来指人无能或无用。

吃功夫:耗费精力、耗费功力。

吃官司:指被人控告。

吃后悔药:指事后后悔。

吃皇粮:指在政府部门或考国家开支经费的事业单位任职。

吃回扣:采购物品或代卖主招揽顾客的人向卖主收取或索要一定份额的交易所得。

吃空额:主管人员向上级虚报人数,非法占有虚报名额的薪饷等。也叫吃空饷。

吃里扒外:收着这一方的好处,暗地里却为那一方尽力。也叫吃里爬外。

吃枪药:形容说话火气大,带有火药味儿。

吃闲饭:指只吃饭而不做事,也指没有工作,没有经济收入。

吃现成饭:比喻自己不出力而享受别人的劳动成果。

吃小灶:比喻享受特殊照顾。

吃鸭蛋:指在考试或竞赛中得零分。

吃哑巴亏:吃了亏无处申诉或不敢声张,叫吃哑巴亏。

吃一堑长一智:受一次挫折,长一分见识。

吃闷棍:比喻遭人暗算。

吃不准:犹豫不决。

吃对食:太监跟宫女一起睡。

吃窝边草:算计同事朋友。

吃白眼：遭白眼，被别人小看。

吃牢饭：指坐牢。

"吃"字超强的带宾语能力，使它比其他动词更能与时俱进，更能反映当下的时代面貌和社会现状。比如：工商吃证、税务吃税，银行吃贷、城管吃费、交警吃罚、记者吃吹、商贩吃假、公仆吃贿、饭店吃宰、歌厅吃陪、茶馆吃赌、发廊吃睡，等等。这些都表现出"吃"字极强的时代性。

四 "吃"字趣闻

1. 君子不远庖厨

在中国传统文化中，饮食不仅是满足口腹之欲的个人行为，也是礼制精神的实践。文人学士在享受美味的同时，不吝笔墨著书立说。一部《论语》出现"食"与"吃"字就有71次之多，孔子不厌其详地讲授饮食之道，其频率仅次于"礼"。《周礼》、《礼记》、《仪礼》、《吕氏春秋》、《晏子春秋》、《淮南子》、《黄帝内经》等最具盛名的经典都有关于烹调的精辟论述。所以，古人虽有"君子远庖厨"一说，却抵不过爱烹调的风习，使之成为中国文化史上一个独特的现象。（摘自《中国国学网》）

2. 冒辟疆请客

冒辟疆是明末江南才子之一，极负盛名。有一次，冒辟疆要在家乡江苏如皋水绘园请客，为了风光，他特地慕名邀请在当地颇具知名度的淮扬大厨来主持菜式。没想到这位大厨居然是一位妇女，而且心高气傲。她来到冒辟疆的家中，径直坐在上位，并问："请教冒公子，打算订什么等级的酒席？"尽管冒辟疆富甲一方，风雅清高，还是未能免俗地询问了一下等级的区别，以便做出选择。

这位厨娘告诉他："大体上，一等席，羊五百只。二等席，羊三百只。三等席，羊一百只。其他猪牛鸡鸭，按同数配齐就是了。"冒辟疆一听，嘴张开再合不上了,因为是自掏腰包呀!可话已出口,柬又已发出,只好点头说:"那就来个中等的吧!"

到了宴会那天,厨娘穿着盛装来了,她根本不动手,只是像统帅般指挥着一百来个厨师操作。那三百只羊被牵来以后,每只羊只取嘴唇上的唇肉一斤,其余的都弃之不用。冒辟疆大惊失色,这该如何是好?厨娘见他的嘴又合不拢了,便告诉他:"羊的精华全在唇上,其余部分无不又膻又臊,是不能上席的。"这顿饭吃下来,花的银子,怕是连董小宛都心疼了,她好几年的脂粉钱也用不了这么多。(摘自李国文《吃喝二事》)

3. 陪喝最苦

曾经有这么一个传:玉皇大帝为了了解人间的风土人情,就派御史下凡,考察人间真情。御史来到人间,四处走动之后回到天庭复命,他说:"耕田的最快活,喝酒的最苦。"玉皇大帝听后很迷惑,怎么会这样呢?御史接着解释说:"老牛拉犁,用力千斤;而用牛的人,跟在牛后,扶着犁梢,唱着歌儿,优哉游哉,岂不快活!喝酒人就不一样了,每喝一杯酒总要别人劝上一箩筐话,喝时眉头拧紧,痛苦万分,从未见过人间有比这更苦的样儿了。"听完这番话,玉皇大帝恍然大悟。如今,喝酒俨然变成了最苦的差事。东道主为了尽地主之谊,讨得客人的欢心,使尽浑身解数请酒陪客,客一落座就先挨个儿斟上满满一杯,然后再单个地敬酒,还要说上几句"感情深一口闷,感情浅舔一舔"、"只要感情在,越喝越痛快"。酒过三巡之后,还得防止冷场,一旦冷场,还得挖空心思找出话题请客人来喝酒。一顿饭陪下来,不请个一二十杯哪能过得去?这些人喝的是眉头紧皱,肝胃俱痛。看来玉皇大帝得派重臣深入考察了,以救陪酒的出苦海!(摘自崔健《吃喝怪状》)

4. 空吃名气

随着经济的发展,人们的生活水平也是日渐提高。如今宴席之上,没有高档的燕窝、熊掌、鱿鱼、海参就很难撑起牌面,中档的甲鱼、螃蟹等

时髦名菜也成了后备之选,鸡鸭鱼肉更是必不可少,一时间似乎无名菜不成待君之礼。吃名菜,究竟在吃什么呢?说穿了,一切皆因名气作祟。宴请者为了借名菜的名气敬客,虽贵不辞;食客慕名菜而吃,虽味同嚼蜡,但仍乐此不疲。刚开始吃,是为了生活,只求温饱,维持生命;而现崇尚名菜,则完全是吃名气罢了,这与吃的本意相去甚远,值得反思!(摘自崔健《吃喝怪状》)

5."喝汤没有"

　　河南的南阳、驻马店,山东菏泽,安徽的肖县,江苏的徐州等一些地方习惯用"喝汤没有"来作为晚饭前后遇见熟人的问候语。为什么会出现这样的表达方式呢?除了与当地的物产和饮食习惯有关外,还与一段传说有关。传说元代南阳王为搜刮粮食,下令要老百姓把每日三餐改为两餐,后来有个人偷偷做了晚饭,被元兵发现了,他谎称是烧汤喝。从此以后,"喝汤"指"吃晚饭"这种说法便流传开来了,并且被用来作为晚饭前后的一种问候语。(摘自网络)

6."吃茶"

　　"吃茶",常用于指"男女的订亲礼"。明代陈耀文在《天文记》中记载:"凡种茶树必下子,移植则不生。故聘妇必以茶为礼。"所以现在用于表示"男女的订亲礼"时,只能说"吃茶",不能说"喝茶"。又如"吃红蛋",常用于借指生了小孩,这是因为旧俗生了小孩要请人吃蛋,蛋壳上涂了红色的颜料,以示喜庆吉祥。这些都是民间文化在语言中的具体表现。(摘自网络)

第八章

无所不"为"

一 "为"字概说

说到"万能"动词,不得不提到"为"字。在汉语词汇史上,"为"与"搞"是两个使用范围最广,意义最丰富,出现频率最高的基本动词。"为"字曾经叱咤古代文坛,自甲骨文金文运用以来,在整个"古代汉语"2000多年漫长的历史中都被广泛运用,周秦之际就已奠定它名副其实的"万能"动词霸主地位。随着时代的发展,"为"的词义越来越丰富,范围越来越宽泛,使用频率越来越高,其"霸主"地位直到20世纪20年代才被后起之秀"搞"字逐渐动摇。"为"和"搞"可以说是古今汉语中一脉相承的两个"万能"动词。即使如此,"为"字广泛而灵活的动词词义仍然是一个不可复制的神话,现代汉语中的"做、弄、打、搞、整"等都远远不能涵盖"为"字的所有外延。

"为"是一个很古老的字,它产生较早,甲骨文中就已经有了。《说文解字》的作者许慎没有见过"为"的甲骨文形体,曾将之误释为"母猴"。罗振玉根据"为"字的甲骨文字形,认为"为"字字形像手牵大象之形,意思是古人驯服大象来从事耕作之类的事物。罗振玉的解释比较科学,后人皆以之为定论。由"为"的字形可以大概推测出其基本义是

"作"、"从事……工作"之类的意思,但是尚未有准确的材料来加以佐证。不过,从其他铭文用例中,至少可以知道"为"是一个表示动作行为的动词。

　　从"为"出现在上古至今的大量文献中的用例可以确知,"为"作为动词的基本意义是"做、作、干、弄、办"一类意思,这也被众多专家学者一致认同。从现存的文献典籍(包括甲金、竹帛、简牍、刻石等)看,"为"字产生后,使用频率就不断提高,使用范围、词义列就不断扩大,生命力极为旺盛,周秦之时已被大量运用在各种文章典籍之中。中国最早的史书《尚书》中"为"字就已经屡见不鲜,到了春秋战国时期更是遍地开花。《论语》一书中"为"字用句 170 例,作为动词的"为"就有 128 例;晚一点的《孟子》一书中出现 500 词,做动词的例句就有 279 例。发展到西汉,《史记》不足 2 万字的《秦始皇本纪》中,"为"就出现了 152

孟子像

次,动词义为 138 次。秦汉以后,"为"的使用频率更高、词义范围更大。例如,王力主编《古代汉语》第十单元选录唐宋时期韩愈、柳宗元、欧阳修、王安石、苏轼的 12 篇文章,总字数仅 9000 多,每篇皆有数个"为",共 105 次,其中动词义 94 次。明人魏学沙的《核舟记》全文仅 600 余字,用"为" 14 次,全是动词。"为"的词义,丰富得惊人。李运益主编《论语词典》(西南师范大学出版社,1993 年)中"为"出现了 469 次,其中动词义已高达 363 次。我国目前规模最大的字典《汉语大字典》共列出 28 个义项,其中动词义 20 项;《汉语大词典》中列出 39 个义项,其中动词义 31 项。

二　说文解字

（一）字形

甲骨文的"为"（爲）　　　　金文的"为"（爲）

《说文解字》解释"为"为"母猴"，实际是根据已经讹变而和最初字形很不一样的小篆妄自揣测而猜错的。根据甲骨文和金文的字形，"为"是一个象形字，像人牵着象，表示人牵象、役使象劳动的意思。从"为"的字形中可以看出其基本意义大致是"做、干、弄、办"、"从事……工作"之类的意思。

（二）字音

"为"有两个读音，但表示不同的词义：

wéi 动词：做；充当；变成。

　　介词：被。

　　后缀：附于某些单音节形容词后，构成表示程度、范围的副词；附于某些表示程度的单音副词后，加强语气。

　　助词：常跟"何"相应，表示疑问或感叹。

wèi 介词：表示行为的对象；表示原因、目的；对、向。

　　动词：为（某人的利益）；认为。

"为"作为动词时，有两个读音：一、wéi；二、wèi。动词 wéi 用途很

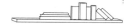

广,动词 wèi 使用较少,只有两种释义,一是表示"为某人的利益",相当于"全心全意为人们服务";另一个表示认为意,这个用法并不多见。

(三)字义

"为"字是古汉语作品中使用频率较高的一个常用字。其字义和用法比较广泛,各种字典辞书中对其释义也不甚相同。如果把《汉语大字典》和《汉语大词典》各自为"为"字所立的义项或用法合并起来,总计也有 41 条(相同者按一条计)。

古代文学更能体现出"为"字的使用特点。总的来说,"为"字作为动词主要有以下几个主要义项:

1. 作、做

譬如为山,未成一篑。(《论语·子罕》)

孟尝君为相数十年。(《战国策·齐策》)

子游为武城宰。(《论语·雍也》)

我善为战。(《孟子》)

巨屦小屦同贾,人岂为之哉?(《孟子》卷 5)

鲁缪公之时,公仪子为政,子柳子思为臣,鲁之削也滋甚。(《孟子》卷 12)

当尧之时,水逆行,泛滥于中国,蛇龙居之,民无所定;下者为巢,上者为营窟。(《孟子》卷 6)

孟子曰:"否,不然也;好事者为之也。"(《孟子》卷 9)

孟子曰:"为政不难,不得罪于巨室。"(《孟子》卷 7)

故龙子曰:"不知足而为屦,我知其不为蒉也。"(《孟子》卷 11)

2. 充当、担任

原思为之宰,与之粟九百,辞。(《论语·雍也》)

子夏为莒父宰,问政。(《论语·子路》)

令尹子文三仕为令尹,无喜色。(《论语·公冶长》)

无为小人儒。(《论语·雍也》)

为君难,为臣不易。(《论语·子路》)

大哉尧之为君也!巍巍乎!(《论语·泰伯》)

季氏使闵子骞为费宰。(《论语·雍也》)

孟氏使阳肤为士师,问于曾子。(《论语·子张》)

求也,千室之邑,百乘之家,可使为之宰也。(《论语·公冶长》)

孟氏使阳肤为士师,问于曾子。(《论语·子张》)

子曰:"温故而知新,可以为师矣。"(《论语·为政》)

子游为武城宰。(《论语·雍也》)

鲁缪公之时,公仪子为政,子柳子思为臣,鲁之削也滋甚。(《孟子》卷12)

孟子曰:从其大体为大人,从其小体为小人。(《孟子》卷11)

今滕,绝长补短,将五十里也,犹可以为善国。(《孟子》卷5)

孟子为卿于齐,出吊于滕。(《孟子·公孙丑下》)

3. 成为、为

中庸之为德也,其至矣乎!(《论语·雍也》)

今不取,后世必为子孙忧。(《论语·季氏》)

君子一言以为知。(《论语·子张》)

一言以为不知,言不可不慎也。(《论语·子张》)

向之所欣,俯仰之间,已为陈迹,犹不能不以之兴怀。(王羲之《兰亭集序》)

冰,水为之,而寒于水。(《荀子·劝学》)

微子去之,箕子为之奴,比干谏而死。(《论语·微子》)

今不取,后世必为子孙忧。(《论语·季氏》)

君子疾夫舍曰欲之,而必为之辞。(《论语·季氏》)

譬如为山,未成一篑,止,吾止也。(《论语·子罕》)

滕文公为世子。(《孟子》卷5)

养其小者为小人,养其大者为大人。(《孟子》卷11)

我欲行礼,子敖以我为简,不亦异乎?(《孟子》卷8)

百姓皆以王为爱也,臣固知王之不忍也。(《孟子》卷1)

4.看作、当作

霓为衣兮风为马。(李白《梦游天姥吟留别》)

以分合为变者也。(《孙子兵法·军争》)

斩木为兵,揭竿为旗。(贾谊《过秦论》)

天下之无道也久矣,天将以夫子为木铎。(《论语·八佾》)

君子义以为上。(《论语·阳货》)

事君尽礼,人以为谄也。(《论语·八佾》)

曾是以为孝乎?(《论语·为政》)

仁以为己任,不亦重乎?(《论语·泰伯》)

抑亦可以为次矣。(《论语·子路》)

士而怀居,不足以为士矣!(《论语·宪问》)

亡而为有,虚而为盈,约而为泰,难乎有恒矣。(《论语·述而》)

由之行诈也,无臣而为有臣。(《论语·子罕》)

5.算是、是

尔为尔,我为我。(《孟子·公孙丑上》)

知之为知之,不知为不知,是知也。(《论语·为政》)

克己复礼为仁。(《颜渊》)

君取于吴,为同姓,谓之吴孟子。(《述而》)

能行五者于天下,为仁矣。(《阳货》)

唐、虞之际,于斯为盛,有妇人焉,九人而已。(《泰伯》)

弟子孰为好学?(《先进》、《雍也》)

孝悌也者,其为仁之本与!(《学而》)

是焉得为大丈夫乎?子未学礼乎?(《孟子》卷6)

孰不为事?事亲,事之本也;孰不为守?守身,守之本也。(《孟子》卷7)

以母则不食,以妻则食之;以兄之室则弗居,以于陵则居之,是尚为能充其类也乎?(《孟子》卷6)

齐卿之位,不为小矣;齐滕之路,不为近矣,反之而未尝与言行事,何也?(《孟子》卷4)

万取千焉,千取百焉,不为不多矣。(《孟子》卷1)

三 "万能"用法

"为"字义项较多,表现出广阔的泛动作性,不仅本身词义丰富,更能随着语境的不同变换各种不同的身份。"为"字的"万能"特性,表现为它超强的语境性,对它的解释常常需要根据语境的变化而变化。如果一味以基本义去套,反而会囿于字典辞书的意义,牵强别扭,适得其反。

"为"的"万能"特性在古代汉语中表现得尤为明显,究其原因,正如万献初先生所讲的:恐怕与先民的文化心态和语言思维特点有很大的关系。古人的思维方式具有不重形式逻辑而重内容和意象的特点,表现在语言思维上,就形成了不偏重追求概念的精确性和判断的非此即彼的排中性,而注重意象的多变性和联想的丰富性。因此上古汉语的一些高频常用词往往在词性确定、词义精细、功用明确等方面有所欠缺,而表现为词性多变、词义丰富、作用灵活。

在语言内部调节机制的作用下,"为"的词义系统经过自然整理,意义范围变小,趋于合理,所以现代汉语中,一些古汉语中的"为"字就被

趣数汉语「万能」动词

其他词素替代了,如:为学—治学,为乐—作乐、奏乐,为诗—说诗,变为—变化、变成,等等。

(一)实义"为"字构词

"为"字发展到现代,虽已被"搞"字动摇了"万能"霸主的地位,但是"为"字的构词能力仍然很强。

为害:造成伤害。

夭折者含冤而死,戾气深重,必须隆重祭祀才能平息戾气,以防他们为害生人。久之,这些人成了水神。(《中国古代文化史(三)》)

为患:形成危险、灾祸。

它的设计泄洪能力为每秒 11 万立方米,对抗御千年来多次为患的长江洪水可发挥巨大功效。(《中国儿童百科全书》)

为力:使劲儿;出力。

我走近一步,说:"假如我要得这种位置,东南沿海一带,爹爹总可为力。"(冰心《往事二》之八)

为期:期限为;从时间的长短、早晚上看。

愿以百日为期,必携杆臼而至。(唐·裴铏《传奇·裴航》)

为难:作对或刁难。

你道铁公是谁?就是明初与燕王为难的那个铁铉。(清·刘鹗《老残游记》第二回)

为人:做人。

汉有丝引,为人慷慨,能却慎夫人。(清《睢阳袁氏(袁可立)家谱序》)

为首:作为领头人。

梅佐贤向徐义德建议开除几个罢工的为首分子,杀一儆百。(周而

复《上海的早晨》第一部十）

为生：(以某种途径)谋生。

他本来也打柴为生，比她小十岁。（鲁迅《彷徨·祝福》）

为时：时间为；从时间的长短、早晚上看。

审查诸公的删掉关于我的文章，为时已久。（鲁迅《书信集·致唐弢》）

为数：从数量多少上看。

我们在香港的报馆因为试办的经费是由几个书呆子勉强凑借而成的，为数当然很有限，所以是设在贫民窟里。（邹韬奋《经历》五三）

为伍：同伙；做伙伴。

要与兵士为伍，才能够变敌军的军心，宣传自己的主义。（廖仲恺《革命党应有的精神》）

为止：截止；终止(多用于时间、进度等)。

全权交给你，到明天为止！（茅盾《子夜》十四）

(二)"为"字的语境性

"为"字的"万能"用法还表现在它具有超强的语境性，在不同的语境中表现出灵活的适应性和多变性。众多具体动作行为及思想心理活动，都能用单言的"为"字来表示。在古代汉语中，这样的"活解"是普遍情况。

为：治理

为国以礼，其言不让。（《论语·先进篇》）

子曰："能以礼让为国乎？ 何有？ 不能以礼让为国，如礼何？"（《论语·里仁》）

为：发起

秦王恐其为变。(《史记·吕不韦列传》)

为:进行

欲与王为好,会于西河外泥池。(《史记·廉颇蔺相如列传》)

为:带领

古之为军也,不以胆碍也。(《左传·落公二十二年》)

为:写

及渡湘水,为赋以吊屈原。(《史记·屈原贾生列传》)

为:演奏

赵王窃闻秦王善秦为声。(《史记·廉颇蔺相如列传》)

君子三年不为礼,礼必坏;三年不为乐,乐必崩。(《论语·阳货》)

132

为:唱出

荆轲和而歌,为变徵之声。(《战国策·燕策》)

为:整理

乃为装送荆轲。(《战国策·燕策》)

为:处理

每至于族,吾见其难为。(《庄子·养生主》)

《战国策》书影

为:设置

今之为关也,将以为暴。(《孟子》尽下八)

为:创作

孔子曰:"为此诗者,其知道乎?"(《孟子》公上四)

为:研究、讲解

固哉,高史之为诗也。(《孟子》告下三)

为:学

子谓伯鱼曰:"女为《周南》、《召南》矣乎? 人而不为《周南》、《召南》,其犹正墙面而立也与?"(《论语·阳货》)

为:帮助

冉有曰:"夫子为卫君乎?"(《论语·述而》)

为:同"谓"

是亦为政,奚其为为政? (《论语·为政》)

子张曰:"执德不弘,信道不笃,焉能为有? 焉能为亡?"(《论语·子张》)

为:通"伪",作"假装"或"装作"解。

久矣哉,由之行诈也! 无臣而为有臣。(《论语·子罕》)

亡而为有,虚而为盈,约而为泰,难乎有恒矣。(《论语·述而》)

为:叫做

子闻之,曰:"可以为'文'矣。"(《论语·宪问》)

为:实行

子曰:"居上不宽,为礼不敬,临丧不哀,吾何以观之哉?"(《论语·八佾》)

为:欣赏

曰:"不图为乐之至于斯也!"(《论语·述而》)

为:描绘

子夏问曰:"'巧笑倩兮,美目盼兮,素以为绚兮。'何谓也?"(《论语·八佾》)

为:改修

鲁人为长府。(《论语·先进》)

为:栽种

请学为圃。(《论语·子路》)

四 "为"字趣闻

1. 为虎作伥

传说被老虎吃掉的人,死后变作"伥"(chāng),伥会死心塌地地为老虎奔走效劳。

有个叫马拯的读书人,爱好游历山水。这一天,他来到五岳之一的南岳衡山。衡山风景秀丽,马拯忘情山水,在松林间转悠,不知不觉到了黄昏,看来这个晚上他是走不出去了。

马拯正着急,忽然看到前面大树上搭着一个窝棚,上面一个猎人正朝他示意。马拯一低头,看见原来就在前面不远是猎人设的一个陷阱,马拯吓了一跳说:"好险!"

猎人从树上跳下来,问道:"你是什么人?怎么天黑了还在林子里转悠?"

马拯把自己贪恋山水而忘了时间的事说给猎人听了。猎人说:"这里老虎很多,十分危险,你一个人不要再走了,就在我这里过一夜吧。"猎人边说,边走到陷阱边,架好捕虎用的机关,然后带马拯登上大树的窝棚。马拯一个劲儿地道谢。

半夜里,马拯从睡梦中醒来,忽听得树下叽叽喳喳有许多人在讲话,声音越来越近。马拯警觉起来,借着月光,看见前面走来一大群人,有男有女,有老有少,总共怕有几十人。这些人走到马拯和猎人栖身的大树近旁时,忽然走在前面的那人发现了陷阱,十分生气地叫起来:"你们看!是谁在这里暗设了机关陷阱,想谋害我们大王!真是太可恶了!是谁竟敢如此大胆!"说着,和另外两个人一起将猎人设在陷阱上的机关给拆卸下来,然后才前呼后拥互相招呼着走了过去。

待这伙人走后,马拯赶紧叫醒猎人,把刚才的一幕告诉了猎人。猎人说:"那些家伙叫做伥,他们原本都是被老虎吃掉的人,可是他们变作伥鬼后,反而死心塌地为老虎服务。晚间老虎出来之前,他们便替老虎开路。"马拯听后明白了,他对猎人说:"那他们刚才所说的大王一定是老虎了。老虎可能不多久就要来了,你赶快再去把机关架好。"

猎人敏捷地从树上下来,把陷阱上的机关重新架好。他刚登上大树,只听一阵狂叫,一只凶猛的老虎从山上直窜过来,一下扑到陷阱的机关上。只听"嗖"的一声,一支弩箭弹出,正中老虎心窝。只见老虎狂暴地跳起,大声吼叫,叫声直震得松林发抖。老虎挣扎了一阵,倒在地上死了。

老虎巨大的哀叫声,惊动了已走了很远的伥鬼们。他们纷纷跑回来,趴在胸口还流着血的死老虎身上大哭起来,边哭还边伤心地哀号着:"是谁杀死了我们大王呀!是谁杀死了我们大王呀!"

马拯在树上听得明白,不由得大怒,他厉声骂道:"你们这些伥鬼!自己是怎么做的鬼还一点不知道,你们原本就死在老虎嘴里,至今还执迷不悟,还为老虎痛哭!真令人气愤!"

这些伥鬼,自己明明被坏蛋害死,可是死后还要做坏蛋的帮凶,实是可恨。(摘自《中国古代寓言》)

2. 步步为营

三国时,黄忠和严颜攻占太阳山后,黄忠又带领人马向定军山进军。来到定军山,黄忠多次去挑战,定军山的守将夏侯渊就是不出来应战。因为那里地形相当复杂,也不清楚敌人的详细情况,黄忠只好安营扎寨住下来。

这时,曹操命令夏侯渊主动出击,并写信告诫,一要刚柔结合,二要有勇有谋。夏侯渊反复琢磨,终于想出了一条计策。他让夏侯尚去引诱黄忠,自己乘机大伏击。结果,黄忠手下的将军陈式果然上了当,被夏侯渊活捉。黄忠很着急,采纳法正的意见,大军队的所有钱物都赐给全军将士,将士们一时间斗志昂扬,决心死战到底。

当天,军队就启程了。每行走一段路程就设下一道营垒,然后又继

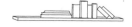

续向前推进。黄忠行军谨慎,防备又严密。夏侯渊不听张颌劝阻,轻率出击,不仅吃了败战,还伤了部将夏侯尚。黄忠的军队顺利推进到定军山下,夺取了定军山对面的高山。(摘自网络)

3. 画地为牢

"画地为牢"比喻只许在指定的范围内活动。

打柴的武吉是一个孝子。一天他到西岐城来卖柴,在南门,正赶上文王车驾路过。由于市井道窄,他将柴担换肩时不知不觉塌了一头,翻转扁担时把守门的军士王相耳门上打了一下,并且当即就打死了,就被拿住来见文王。文王说:"武吉既打死王相,理当抵命。"命在南门地上画个圈做牢房,竖了根木头做狱吏,将武吉关了起来。

三天后,大夫散宜生路过南门,见武吉悲声痛哭,问他:"杀人偿命,理所当然。你为什么要哭呢?"武吉说:"小人母亲七十岁了,她只有我一个孩子,小人也没有妻子,母老孤身,怕要被饿死了!"散宜生入城进殿来见文王,说:"不如先放武吉回家,等他办完赡养母亲的后事,再来抵偿王相之命。不知如何?"文王准了,就让武吉回家去了。(摘自《封神演义》)

第九章

说南道北 方言动词大杂烩

一 现代汉语方言概说

"一开口就知道你是哪里人!""满口的家乡话!""那里的人都这么说!"……我们经常可以从一个人的几句话中,就判断出他是哪里人,这说的就是现代汉语中的各种不同的方言。

现代汉语是现代汉民族使用的语言。由于中国地域广阔、人口众多且分布相对集中,于是产生了不同的语言分区。每个分区的语言各有优势,久而久之,就形成了与其他分区不同的特色,具有代表性的语言就成了该地区的方言。

广义的现代汉语中就包括汉语的各种方言,即不同地区的汉族人所使用的语言,这些语言都是汉语,只是在语音、词汇、语法等方面存在一定差异。汉族的先民开始时人数很少,使用的汉语也比较单纯。后来由于社会的发展,居民逐渐向四周扩展,或者集体向远方迁移,或者跟异族人发生接触,汉语就逐渐地发生分化,产生了分布在不同地域上的方言。汉语方言分布区域辽阔,使用人口在 9 亿以上。

汉语方言在长期的历史发展过程中逐渐形成了各种不同程度的差异,从而构成了不同的方言区域。近 50 年来,语言学家们陆续运用语言

材料对现代汉语方言进行分区,有的分为九区,有的分为八区,有的分为五区。20世纪50年代中期以后,国内最流行的是汉语八大方言的分区,即把汉语方言分为:北方方言区、吴方言区、湘方言区、赣方言区、客家方言区、粤方言区、闽南方言区和闽北方言区。70年代以前出版的汉语教材及有关论著,大都采用上述"八大方言"说。后来方言工作者根据日益增多的汉语方言调查成果,感到七大方言中的闽南、闽北两区宜于合并为一个方言区,再在第2层次中区分若干不同的闽方言片,其余六区仍然照旧,于是就形成了现代汉语七大方言的分区法。这七大方言区是:官话方言(又称北方方言)区、吴方言区、湘方言区、赣方言区、客家方言区、粤方言区、闽方言区。

有了方言区的划分,我们就可以通过某些只属于某一方言区的词语用法,来判断说话人各自所属的地区。这就是刚刚所说的"一开口就知道你是哪里人!"这一类方言词具有鲜明的地方特色,它们在各自的方言区口语中使用频繁、意义繁多、可以替代许多表示具体意义的动词。虽然数量不多,但正是这样,它们才会被普遍使用,成为该地区语言的代表和标志,我们称之为方言中的"万能"动词。

之前我们所介绍的几个动词,都被普通话吸收,活跃在现代汉语共同语中,被全国各地的人们所普遍接受,是普通话中的"万能"动词。方言中的"万能"动词,只是活跃于它所在的地区,被当地的居民所广泛使用,它们没有被普通话吸收,或者只有部分义项被普通话吸收。"整、搞、弄"是三个比较特殊的动词,它们被普通话广泛接受,在方言中也有一席之地,它们分别在我国的三个不同区域充当着"万能"动词的角色。"整"在东北地区,"搞"在西南地区,"弄"在中部地区,三个动词遥遥相对。其他还有"玩"、"治"、"造"、"打"等等。下面为大家列举几个比较有代表性的方言"万能"动词。

二 东北方言的"整"、"造"

提到方言,我们首先想到的就是东北。整个东北地区,包括黑龙江省、吉林省、辽宁省大部分地区和内蒙古地区汉语方言区中,有两个意义宽泛、使用范围极广的动词——"整"和"造"。这两个字的地方特色,几乎可以作为识别东北人的语言特征的工具。

(一)"整"

最近几年以东北生活为题材的电视剧和电视小品,红遍了大江南北。尤其是赵本山的幽默搞笑小品,更是让"整"字扬名四海。"整"在东北方言中几乎可以替代任何实义动词,有些义项更是被普通话所吸收,成为普通话中的固定词语,比如"整容",但大部分的"整"的用法只通行于东北地区。下面我们就来一起看看地地道道的东北"整":

(1)哎,那咱们也不懂那些技术啊,咋整啊?

(2)这和那些都扯不上关系,你净瞎整!

(3)这好好的事情不是整大了吗?

(4)别整太大了,啊?

(5)还没上任呢,净整新名词,啥东风西风的。

(6)我刘大脑袋,严肃人,哪能整什么东宫西宫。

(7)谢永强,挺能耐啊,把王小蒙都整哭了。

(8)都给整没了,咋办?

(9)谢广坤不愿意跟他学,整了一个新词。

(10)我看就在咱村部也整一个。

(11)咋都不说话呢?这是累了吧?整点儿中华鳖精呗。

(12)咱们本来就黄种人,你再整个黄头发,那小脸蜡黄儿蜡黄儿的。

（13）张楠也欣喜地说："这小丫头儿,挺能整效果啊。"

（14）昨天练了一下午"爱你在心口难开",嗓子整倒了。

（15）那种场合,造型很重要,要去跳舞去可不能整这身儿,都没人儿请你。

《现代汉语词典》（第六版）中共收录了"整"字的六个用法,在东北方言中"整"的用法远远不止这些。根据东北方言口语调查以及以东北生活为题材的影视作品中的反映,"整"字的用法最少有30种!这些用法并不是孤立分开的,而是随着"整"字在具体语境中的不同而变换的不同身份,具有浓郁的地方色彩。

"整"字概括度极高,涵盖范围很广,由于所带宾语的不同或者上下文语境的制约可以替代不同的实义动词:

（1）周全在那儿寻思："按你说的,张楠整这饺子得啥味儿啊。"（包）

（2）咋都不说话呢? 这是累了吧? 整点儿中华鳖精呗。（吃）

（3）昨天练了一下午"爱你在心口难开",嗓子整倒了。（累）

（4）那种场合,造型很重要,要去跳舞去可不能整这身儿,都没人儿请你。（穿）

（5）张楠着急地说："袁媛,这个题是你抢的,你寻思寻思呗。"袁媛挠头："我整快了,我寻思抢到手儿再说。"（抢）

（6）张楠,别出去了,咱整点儿开胃小菜,一块喝酒多好。（做）

（7）相对论有几个能整明白? 说时间能倒流,你信哪? 但是相对论是科学。（学）

（8）袁媛一听："啥? 3块钱? 别说张楠那头发,我整一次头发都得140。"（烫、染）

（9）这几天看把他整得人不人鬼不鬼的。（折磨）

（10）现在整的,严重了吧。（办、处理）

（11）哥们儿,整两口!（喝）

（12）不成,你得整两句儿!（讲）

（13）你咋把他整来了?（带、领）

（14）媳妇儿,整两菜去?（拌、炒）

（15）整那么利索干啥去啊?（打扮、拾掇）

（二）"造"

"造"在东北方言中具有极强的表现力,它的使用频率仅次于"整"。"造"可以充当多种成分,表现出丰富多彩的意义,使语言更加幽默、诙谐、生动,更能体现出东北人性格豪爽、富有情趣的一面。

《现代汉语词典》中"造"作为动词的词条下,义项有二:"（1）做;制作:创~、建~/~船/~纸/~预算/~名册。（2）假编;捏造:~谣。"然而在东北方言中,除了能愿动词、趋向动词、联系动词、存现动词等非动作类动词,"造"字可以大量替代动作类动词。请看下例:

（1）自行车到了你手还没有三天咋就坏了呢?你也太能造了!（糟蹋、祸害）

（2）有钱也得算计着花,别胡造。（花、挥霍）

（3）桌子上的饭菜全让他一个人造了。（吃）

（4）一瓶酒让他几口就造了。（喝）

（5）一句话给他造了个大红脸。（弄）

（6）一不小心造了个前趴子。（摔）

（7）汽车差点和火车造到一块儿。（撞）

（8）一脚,小包装箱就造得七裂八瓣。（踏）

（9）活没干多少,倒造了一身泥。（溅）

（10）他不会跳舞也跟着瞎造。（跳）

（11）我也造两句。（说）

（12）一觉造到大天亮。（睡）

（13）不出半个月,就把双新鞋造坏了。（穿）

东北方言动词"造"可以充当多种动作动词,是一个经常使用的"万能"动词。"造"的词汇意义复杂丰富,具有很强的口语色彩和夸张意味。粗略分析,可将其词义大致分为五类:糟蹋、祸害类;吃喝类;使用、非正常使用类;折腾类;弄、搞类。

"造"的第一类意义大致相当于"糟蹋"、"祸害",也即损坏或浪费的意思。在很多情况下,"造"都可以由上述词语替换。例如:

(1)屋子刚收拾干净,你给我轻点儿造!

(2)看你把院子造得批儿片儿的!

(3)你整天没白带黑地干,再好的身板儿也抗不住这么造啊!

"造"的第二类意义相当于"吃"或"喝",可归于"食用"这一义类。东北人经常用"造"代替"吃、喝",但是"造"同一般的"吃"、"喝"有所不同,相比之下,它的语义显得更重、更强,含有吃得多、吃得猛的意思,甚至能使人感受到"恣情放纵"、"狼吞虎咽"的形象色彩。所以"造"字当"吃、喝"讲,一般都在亲朋好友或熟悉的人之间使用,体现了东北人的热情好客,不拘小节。

(1)猪肉炖酸菜(或粉条),可劲造!

(2)造,先造饱了再说!

(3)咱们把这盘饺子全造了吧!

"造"意义第三类相当于"使用",含有非正常使用的意义。

(1)这双军用大头鞋挺扛造的。

(2)这东西咋造都没事,结实着呢!

(3)这玩意儿挺禁造。

第四类"造"相当于有本事、能折腾,含赞扬的意思。

(1)这小子有两下子,大场面也能造一阵子。

(2)这小子挺能造的。

"造"的第五类内涵非常丰富,用法也很灵活。在不同的上下文中可以替代不同的动词,都可以由"弄、整、搞、干"来替换,充分显示出"造"的"万能"特性。但是,比起"弄、整、搞、干","造"字更显夸张意味。

(1)他这么一说,倒把我造得一愣。

(2)他造得我怪不好意思的。

(3)怎么样,让人造没电了吧?

三　徐州方言里的"玩"

"玩耍、游戏"是"玩(儿)"在现代汉语中的基本意义,但在徐州方言中"玩(儿)"几乎可以代替所有表示行为和动作的动词。例如:

(1)你赶紧把这点儿事儿玩清楚喽!(弄)

(2)他的那个做法咱玩不来。(做)

(3)你到底玩得什么名堂!(搞)

(4)这个生意他玩得不错。(干)

(5)他买彩票一下子玩了五百万。(赢、获奖)

(6)你看他拽得,一会儿给我玩徐州话,一会儿给我玩普通话。(说)

(7)他净会给你玩虚的。(故意装出或作出)

(8)那边儿搁点儿玩大鼓来!(表演)

（9）他要怎么玩咱就怎么玩！（较量）

（10）明天中午咱得去玩他一顿。（吃）

（11）局里边儿玩了一套便民守则。（制定、拟定）

（12）玩了一个读书小组。（成立、创立、举办）

（13）这人怪阴，你一不小心就让他玩了。（整治、暗算）

（14）找熟人儿玩两张机票。（设法做到）

（15）他俩也能玩搁一起！（合）

（16）给我玩两斤白菜。（称）

以上都是"玩"在徐州方言中的用法，意义相当普遍。"玩"还在其他不同的结构和语境中表达极为丰富的动词意义，如："明年打算玩一辆摩托车"中的"玩"是买的意思。"就一晚上，我到哪里给你玩一万块钱去！"中的"玩"是"借"的意思。动词"玩"可以跟趋向动词构成动趋式，使受事者有某种结果："他俩又玩上了。""不等他了，咱先玩起来吧。""活儿太多了，你一个人能玩过来啵？""别看他现在怎么傲，早晚得叫人玩下去。"

另外，动词"玩"与表示结果或情态的词语，中间插入"得"，构成"玩＋得＋补语"的动补结构，表达"致使"的结构意义，补语可以是单音节或双音节词，如："咱厂今年玩得不错"、"这张桌子玩得不错"、"腿上这道口子玩得怪深。"

由于"玩"的含义丰富，其组合能力也很强，因此在徐州方言中还形成了意义和用法比较固定的词语，如：

玩架：打架、吵架

玩侃子：撒谎

玩暄的：搞虚假

玩酒沤头：傀儡戏

玩大把戏：耍杂技

玩儿不转：驾驭不了；治理不了

玩儿猴儿：使用手段、计策等（多指不正当手段）

玩憨势：故意装傻

从以上的举例可以看出，"万能"动词"玩"带有贬义色彩，"玩"在徐州方言中经常与带贬斥意义或消极意义的词语组合，在实际运用中表现出比较明显的贬义倾向。一方面"玩"具有戏弄、耍弄、暗算、使手段、发生不正当男女关系等带贬义色彩的引申意义，另一方面"玩"还经常与带贬义色彩的名词或形容词构成短语，表示贬义或不好的结果。

四　多地方言中的"治"

"治"在古代已经是一个意义非常广泛的动词，发展到现代的泛义用法，其间经过了漫长的演变过程，不少方言中还保留有"治"的些许古代用法。比如"治鱼"，河北盐山，山东济宁，安徽巢县、南京、镇江、丹阳等江淮官话区普遍都说"治鱼"。"治鱼"概括说来指剖鱼腹，刮除鱼鳞，在不同方言里具体意义可能有细微差别，但基本意义一致。闽语有些地方杀人、杀动物、切水果也用"治"，可见还有泛义功能。

"治"的泛义用法保留最多的当数鲁南方言。鲁南就是山东的南部，主要包括：枣庄、济宁、临沂等市，是山东的南大门。在鲁南方言中，"治"字可以替代许多具体动词，除了古已有之的固定词组，还发展了一些新的词汇。

（一）"治"字的历时发展

古代汉语中的"治"是一个意义比较宽泛的词，后面常接表食物类的名词，比如鸡、鸭、鱼、狗等，最常用的是"治鱼"。古代很多文献资料和方言中都有"治鱼"一词，现在许多方言中都还有"治鱼"、"把鱼拿回家治"这样的用法。"治"后面也可以接牲畜、植物、器物以及其他事物，

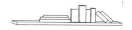

趣数汉语『万能』动词

比如,《泛胜之书》中耕地、锄草、整枝、至脱粒,都可用"治",还有"治种"、"治肥田"、"锄治"、"耕治"等等。

近代汉语中的"治"多出现于口语性比较强的小说中,意义也取决于语境和上下文,以《金瓶梅词话》为例:

（1）治理、管理、处理

《金瓶梅词话》书影

西门庆道:"在下才微任小,岂敢非望。"又说:"老先生荣擢美差,足展雄才。治河之功,天下所仰。"（第六十八回）

（2）惩治、处罚

西门庆道:"太太既吩咐,学生到衙门里,即时把这干人处分惩治,庶可杜绝将来。"（第六十九回）

（3）治办、治理

金莲道:"李大姐整治些菜,请俺娘坐坐。陈姐夫寻衣服,叫他进来吃一杯。姐姐,你请坐,好甜酒儿,你吃一杯。"（第三十三回）

（4）买、购置

又与了老婆二三两银子盘缠,因说:"我待与你一套衣服,恐贲四知道不好意思。不如与你些银子儿,你自家治买罢。"（第七十八回）

(5)医治、治疗

金莲对着月娘说:"大姐那日斗牌,赢了陈姐夫三钱银子,李大姐又添了些,今治了东道儿,请姐姐在花园里吃。"(第五十二回)

现代鲁南方言中的"治"对其古代释义有所继承,也有所发展,大致来说有以下几个义项:

(1)东西那么乱,怎么不好治治呢?(整顿、整理)
(2)这椅子散架了,实在治不了。(修理)
(3)我还能治不过你吗?(较量)
(4)班里治了一套守则。(制订)
(5)这烂摊子是他一手治的。(制造、建造)
(6)他们几个想搁这来(这里)治个商店。(成立、创立、举办)
(7)他治的这批货真不错!(采购、置备)
(8)明年我打算治一辆摩托车。(买)
(9)我治一次头发花了100多块钱。(烫、染)
(10)这啤酒瓶子我治了半天也没治开。(揭)
(11)你这包子治的什么馅?(用)
(12)这么沉的箱子,孩子治不动。(扛)
(13)无论什么事他都敢治。(担任、担当)
(14)他不大一会儿就治来一帮人。(召集、组织)
(15)小孩好玩沙好治土。(玩)
(16)那篇文章我吭哧十来天,还没治出来。(写作、修改)
(17)他妈妈对他说:"只要你把学习治好,我就放心了。"(学习)
(18)找熟人治两张火车票。(设法得到)
(19)想治我没那么容易。(整治、暗算)

147

(20)活太多,你一个人能治过来吗?(弄、做、干)

(二)"治"字的语言色彩

"治"字总体来说,带有粗俗色彩。首先,"治"字绝大多数被文化水平较低的人群所使用,相对于它所表示的具体实义动词,显得比较粗俗和随便。比如:"你怎么治得这么孬?"(你怎么处理得这么差)"这个椅子散架了,治不好。"(这椅子散架了,修理不好)

其次,"治"字常常用在日常的口语交际中,交际的场合并不那么庄重、正式,所以口语色彩较浓,相对于普通话就没有那么文雅。

再次,"治"所运用的句子大多表示说话者不希望发生的,或者不好的事情中,略带些贬义意味。但有一个词——"没治了"除外。"没治了"是口语中使用频率比较高的一个词语,并在频繁的使用中渐渐固化成词。"没治了"有两重含义,一是对某人的做法和行为无可奈何、无计可施,用于贬义,如:"哎,真拿你没治!""他没治了。"另一个是"治"字语义虚化,由贬义变为褒义,表示"能力或程度"很高,达到了一定的标准,如:"隔壁家的孩子,学习那个好,简直没治了!""她长得赛天仙,真是没治了!"

还有一个有趣的现象,"治"和与其同义的"整",构成了一个同义复词"整治"。在北方方言,尤其是东北方言中广泛使用,"整治"用法比"治"要更广得多。

五 "打"字在方言中的运用

"打"字不仅活跃在普通话中,在不少方言地区,"打"字也有一席之地。以"打"字起头构成的方言词语颇具特色。在特定的搭配中,"打"产生了一些不同于普通话的意义。我们根据《现代汉语方言大词典》摘录如下:

打倒:往回走("倒"念去声)。

打住:在别人家里或外地暂住。

打冒诈:冒认欺诈。

打堆:(人或物、事情)多得成了堆。

打讲:闲聊;商量。

打跪:走路时腿部发软。

打秤:压秤,即物体的比重大,跟同体积的物体相比称起来分量重一些。

打里手架:指双方预先商量好,故意打架给外人看。

打喜:祝贺,为年轻人初次做父亲而贺喜。

打脚:鞋子磨、夹脚。

打泡:手脚等处因摩擦而起泡。

打富贵圈子:抬着花轿绕堂一周。

打扬尘:扫除尘埃。

打铺盖:踢被子。

在东北方言中,"打"字用法也颇为灵活,被生发出另外五层基本含义:(1)(衣物等东西)被虫子咬破。常与"了"组合,如"这衣服放得太久,都被虫子打了"。(2)植物等经寒风吹后变色、变蔫,如"昨夜一场寒流就把秧苗打成这样了"。(3)婴儿的屁股由于长时间潮湿而产生皮肤溃疡。如"这孩子屁股都打了,快上点药吧!"(4)假设,少算点儿。如"就打一只鸡能下200个鸡蛋,15只鸡还能下3000个鸡蛋呢"。(5)出产(粮食)。如"一垧地能打一万二千斤小麦",等等。

此外,由"打"字引发并被收入《简明东北方言词典》的词汇多达60余条,是《新华词典》的一倍之多。这个"打"字几乎被派上了"万能"功用,而且带有强烈的地方文化特色。

"打人"的结尾"儿化"成"打人儿",却根本与"打人"无关,而是"动人"的含义。

"打狼"与捕猎无关,是"落在最后"的意思。

"打脸"是"丢脸"的意思。

"打腰"是"吃得开"的意思。

"打耙"是"变卦"的意思。

"打进步"是"假积极"的意思。

"打溜须"是"奉承、讨好"的意思。

"打冒支儿"是"假借他人名义进行欺骗"的意思。

"打头"不仅是动词"抽头、拍头",还表示"领头、带头"。

"打眼儿"既表示往墙上钻眼、打孔,又表示买东西上当,没看准确。

最有趣的是,东北方言将一个"分"字拆开,称作"打八刀",借指"离婚",可能是由于忌讳此事而不便直言吧!

在湘方言中,以"打"字起头构成的词语也是颇具特色,不仅数量众多,而且产生了一些不同于普通话的意义。

打醋坛:民间一种空气消毒的方法。把砖块或石头烧红,放到盛有醋的容器里,让醋的蒸气充满房间,起杀菌作用。

打疳积:一种医疗方法。小孩食欲不振,面黄肌瘦,郎中先生用针在小孩手指上挑出病虫,据说这样小孩就能吃饭。

打碑:儿童玩的一种游戏。用一块砖竖着做目标,用物击之。

打摇窝坐栏:摇窝即摇篮;坐栏即小孩的坐具。旧时这些器具是外公、外婆必须准备的给小外孙的礼物,作这些准备意思是要做外公外婆了。

打綻:这是一句"赌语",凡赢钱的人先离赌场,就叫"打綻"。

打扦子:①从前旗礼屈膝请安。②从前□金局有一种巡丁名叫扦子,手持铁钎一根向包件货物中插进去查验一切。

打卵司:这是一句"学生话",就是分数打一个零的。

除此之外,南方人说"打牙祭",从字面上看,是祭牙,似乎同生理有关,但其实打牙祭原本指每逢月初、月中吃一顿有荤菜的饭,后来泛指偶尔吃一顿丰盛的饭。所以每当生活困难,遇到一次吃肉或者会餐加餐,就可以称为"打牙祭"。上海人习惯说"打头",这个"打头"也并不是普通话中"用东西击头"的意思,而是"给人理发洗头"。再如"打烊",专指店铺停止营业。广东话中有"打单"一词,过去指"打劫单身汉"之义,如今还有"买单(付账)"之义。北京人常用"打镲"来说"嫁祸于人"或"开玩笑"。在河套方言中,"打伙计"也有特定含义,非指"搭伙伴",而是专指"乱搞男女关系"而言。类似的还有:"打零"并非"打零杂",而是"打工"之义;"打摆子"意即"患疟疾"……

六　多种方言中的"搞"

"搞"是一个既年轻又古老的汉字,早在汉代的典籍中就已经有使用它的记载。"搞"字的现代意义用法最早在共同语中出现是叶圣陶的《倪焕之》。此后,"搞"字的现代音义就逐渐频繁出现在其他作家作品中,进而在书面语中被大量使用。往前追溯,"搞"字的现代意义用法最早出现在短篇小说集《跻春台》中。这是一部方言小说集,所用语言多为四川方言俚语,由此也可以看出,"搞"字是一个方言词,出现于西南官话中。

大多数方言词只能在它所出现的地区被普遍使用。"搞"字在普通话中的流行速度之快和它在方言中的迅速蹿红,可以说是一大奇观。杨丽君从李荣先生主编的《现代汉语方言大词典》中挑选了地域上有一定代表性的分地词典 27 部,查看了"搞"在各地方言中的用法。最后发现,除了乌鲁木齐、西宁、徐州、南昌、广州、厦门、雷州、海口 8 处方言中没有出现"搞",其他地区均有使用,可见大部分方言中都有"搞"字。西南官话以及相邻的湘、赣等方言区中"搞"字的使用较为普遍,而且意义丰富,用法灵活。下面就节选一部分比较有代表性的:

哈尔滨:搞破鞋

银川:搞价

西安：搞价

太原：搞价钱、搞对象

济南：搞对象

洛阳：搞价儿

崇明：搞丝旁、搞七廿三

苏州：搞嘴讲、搞落、搞七廿三

扬州：搞法

南京：搞得不得了了

杭州：搞伢儿、搞搞儿、搞轧

萍乡：搞势、搞不就、搞不正、搞不赢、搞不清场、搞下仔、搞鬼

长沙：搞得一芭蕉、搞菜、搞手脚不赢、搞手、搞饭

成都：搞起了、搞起(点儿)、搞不着、搞不转、搞不灵醒、搞不赢、搞啥子名堂、搞头

武汉：搞屎棒、搞邪了、搞拐了、搞半天、搞羹

贵阳：搞不惯、搞落、搞刨完、搞倒事、搞丢、搞场、搞忘

柳州：搞七搞八、搞法、搞错秤、搞跌、搞拐了、搞好耍

东莞：搞搞震、搞掂、搞唔掂

梅县：搞掂儿、搞新姑丈、搞新娘、搞饭儿、搞风

方言中的"搞"字带有更明显的口语色彩和地方特色，"搞"的绝大多数方言词都没有被普通话吸收，但从结构上看，方言中的"搞"字结构和共同语一样，以双音节和三音节为主，有些结构被固定下来，成为使用频繁的词语。

图书在版编目(CIP)数据

趣数汉语"万能"动词 / 廖栋雯编著. —贵阳:贵州
人民出版社, 2013.9(2021.3 重印)

ISBN 978 - 7 - 221 - 11359 - 7

Ⅰ.①趣… Ⅱ.①廖… Ⅲ.①汉语 - 动词 - 研究
Ⅳ.①H146.2

中国版本图书馆 CIP 数据核字(2013)第 201314 号

趣数汉语"万能"动词

廖栋雯 编著

出版发行	贵州出版集团 贵州人民出版社
地 址	贵阳市中华北路 289 号
责任编辑	徐 一
封面设计	连伟娟
印 刷	三河市腾飞印务有限公司
规 格	850mm×1168mm 1/16
字 数	120 千字
印 张	10.25
版 次	2014 年 7 月第 1 版
印 次	2021 年 3 月第 2 次印刷

书 号:ISBN 978 - 7 - 221 - 11359 - 7 定 价:27.00 元

"快乐阅读"书系首批书目

语文知识类

秒杀错别字

点到为止
———标点符号的正确使用

当心错读误义
———速记多音字

错词清道夫

巧学妙用汉语虚词

别乱点鸳鸯谱
———汉语关联词的准确搭配

似是而非惹的祸
———常见语病治疗

难乎？不难！
———古汉语与现代汉语句法比较

作文知识类

议论文三步上篮

说明文一传到位

快速格式化
———常见文体范例

数学知识类

情报保护神———密码

来自航海的启发———球面几何

骰子掷出的学问———概率

数据分析的基石———统计

文学导步类

中国诗歌入门寻味

中国戏剧入门寻味

中国小说入门寻味

中国散文入门寻味

中国民间文学入门寻味

文学欣赏类

中国历代诗歌精品秀

中国历代词、曲精品秀

中国历代散文精品秀

语言文化类

趣数汉语"万能"动词

个人修养类

中国名著甲乙丙

世界名著 ABC